Cris Evatt
Männer sind vom Mars, Frauen von der Venus

D1874435

SERIE PIPER

Zu diesem Buch

Daß es zwischen Männern und Frauen mehr als nur einen »kleinen Unterschied« gibt, hat sich längst herumgesprochen. In diesem witzigen und höchst informativen Nachschlagewerk erfahren Sie, warum Männer lieber über Dinge und Frauen lieber über Menschen reden, warum sie nach Anerkennung strebt, während er eher tut, was ihm paßt. Kurz und bündig und nicht ohne Augenzwinkern trägt Cris Evatt alles Wissenswerte zusammen – über Gefühle, Kommunikationsprobleme und Konkurrenzverhalten bis zu Liebesleben, Freundschaften und Körpersprache. Die Trainerin Cris Evatt zeigt nicht nur, warum sich der jeweils andere so verhält, wie er sich verhält, sondern auch, wie man am besten damit umgeht. Sie bietet eine Fundgrube für alle, die mehr über sich und ihre Partnerschaft wissen und die Geheimnisse des anderen Geschlechts ergründen wollen.

Cris Evatt schreibt und lehrt seit zwanzig Jahren, davor arbeitete sie als Grafikerin, Zahnarzthelferin und in einem Spielcasino. Sie leitet unter anderem Seminare, in denen man lernt, wie man sich das Leben leichter macht (»Simply Organized!«), und hat zu diesem Thema und zur Geschlechterdifferenz in Amerika zahlreiche Bücher veröffentlicht. Sie lebt in Port Townsend, Washington.

Cris Evatt
Männer sind vom Mars, Frauen von der Venus

Tausend und ein kleiner Unterschied
zwischen den Geschlechtern

Vorwort von John Gray

Aus dem Amerikanischen
von Maria Zybak

Piper München Zürich

Für Dave

Ungekürzte Taschenbuchausgabe
1. Auflage Februar 2003
3. Auflage Mai 2004
© 1992, 1993 Cris Evatt
Titel der amerikanischen Originalausgabe:
»Opposite Sides of the Bed«, Conari Press, Berkeley
© der deutschsprachigen Ausgabe:
1994 Piper Verlag GmbH, München,
erschienen im Verlagsprogramm Kabel
Umschlag/Bildredaktion: Büro Hamburg
Isabel Bünermann, Julia Martinez/
Charlotte Wippermann, Katharina Oesten
Foto Umschlagvorderseite: Rüdiger Nehmzow/laif
Gesamtherstellung: Clausen & Bosse, Leck
Printed in Germany ISBN 3-492-23758-4

www.piper.de

Inhalt

Das Liebesleben

Freund & Feind

Von Kopf bis Fuß

Vermischtes

Auf den Punkt gebracht

Vorwort

Was ist Liebe? Ist es Liebe, einen Menschen nur dann zu akzeptieren und zu schätzen, wenn er unsere Erwartungen erfüllt? Ist es Liebe, einen Menschen unseren Wünschen entsprechend zu ändern, statt ihn nach seinen Vorstellungen sein zu lassen? Ist es Liebe, sich um einen Menschen zu kümmern oder ihm zu vertrauen, weil er so denkt oder fühlt wie wir?

Nichts von alledem ist wahre Liebe. Wahre Liebe stellt keine Bedingungen. Sie weiß einen Menschen so gelten zu lassen und zu schätzen, wie er ist. Bedingungslose Liebe ist jedoch nicht möglich, ohne daß wir unsere Unterschiede, die individuellen wie die geschlechtsspezifischen, sehen und akzeptieren.

Es kann uns ein Trost sein zu erfahren, daß Geschlechtsunterschiede normal sind und wir mit ihnen rechnen müssen. Es ist eine Erleichterung zu wissen, daß Frauen und Männer tatsächlich anders reden, denken, fühlen, wahrnehmen, reagieren, lieben, verstehen und unterschiedliche Bedürfnisse haben. Indem wir die Gültigkeit dieser und anderer Unterschiede anerkennen, können wir konstruktive Lösungen suchen, wenn Probleme auftauchen. Das Ergebnis werden glücklichere, befriedigendere Beziehungen sein!

In Cris Evatts Buch werden die Geschlechtsunterschiede in eleganter und doch einfacher Weise erklärt. Ich empfehle ihr Buch in meinen Partnerschaftsseminaren, denn es enthält viele hilfreiche Daten und ergänzt mein Buch *Männer sind anders*. Cris hat Informationen und Zitate aus vielerlei Quellen zusammengetragen, von anerkannten Wissenschaftlern bis zu beliebten Humoristen. *Männer sind vom Mars, Frauen von der Venus* ist nicht nur informativ, es ist mit viel Witz und Humor geschrieben, wird Sie keine Minute langweilen und, hoffentlich, die Spannungen zwischen den Geschlechtern abbauen helfen.

John Gray, Dr. phil.

Ihre Seite, seine Seite

Männer und Frauen sind verschieden. Wir alle wissen das. Aber erst jetzt beginnen wir zu verstehen, *wie* verschieden. »Erst wenn wir Männer und Frauen so betrachten, als würden sie zwei verschiedenen Arten angehören«, sagt Tim Clutton-Brock, Ökologe an der Cambridge University, »können wir annähernd verstehen, warum sich die Geschlechter in Anatomie, Physiologie und Verhalten so sehr unterscheiden.«

Warum sind Männer und Frauen verschieden? Mit letzter Sicherheit kann das niemand sagen. Sowohl Biologie wie auch Soziologie spielen eine Rolle. Was mehr dazu beiträgt, ist jedoch heiß umstritten. In den 70er Jahren, schreibt Christine Gorman in der *Time* vom 20. Januar 1992, »war die Diskussion über angeborene Unterschiede absolut out, ja sogar tabu«. Unterschiede wurden als sozial bedingt angesehen, als ein Produkt der geschlechtsspezifischen Konditionierung. Jetzt scheint das Pendel in die andere Richtung zu schwingen, weil »die Beweise für angeborene geschlechtliche Unterschiede immer mehr wurden«, sagt Gorman. Wortführer dieser biologischen Revolution sind Anne Moir und David Jessel, die Autoren von *Brain Sex*: »Die Gesellschaft, in der wir aufwachsen, beeinflußt uns zwar, im wesentlichen aber durch Verstärkung unserer naturgegebenen Unterschiede.«

Andere Experten vertreten weiterhin die Ansicht, die Erziehung habe einen größeren Einfluß als die Gene, und was als angeboren wahrgenommen wird, sei eigentlich ein Rest an kultureller Konditionierung. Feministinnen wie Carol Tavris und Barbara Ehrenreich weisen warnend darauf hin, daß solche biologisch begründeten Postulate wieder einmal die Wahlmöglichkeiten von Frauen einschränken und sie möglicherweise eine Reaktion auf die sozialen Veränderungen sind, die die Frauen in den vergangenen 30 Jahren in Gang gebracht haben.

Ich will nicht behaupten, daß ich alle Antworten kenne. Die Diskussion wird vermutlich unvermindert heftig weitergehen; was ich hier versuche, ist eine ausgewogene Darstellung, bei der beide Seiten vertreten sind. Die Unterschiede an sich sind es, die mich interessieren. Ich habe sieben Jahre lang die Geschlechtsunterschiede erforscht, im Anschluß an die Veröffentlichung meines Buches *The Givers and the Takers*. Während des Schreibens begann mich dieses Thema immer mehr zu faszinieren, und ich sammelte jeden Artikel und jedes Buch, das ich dazu finden konnte. Mir wurde klar, daß sich genaue Aussagen über Geschlechtsunterschiede machen lassen und vieles von dem, was uns beim anderen Geschlecht Probleme macht, auf einige wenige grundlegende

Unterschiede zurückgeführt werden kann. Ich habe festgestellt, daß Geschlechtsunterschiede oft zu Konflikten und Verwirrung in Liebes- und Eltern-Kind-Beziehungen und am Arbeitsplatz führen. »Als erstes erläutere ich in der Therapie immer, daß die Unterschiede zwischen Männern und Frauen, wenn sie nicht erkannt werden, zu Problemen führen können«, sagt ein auf Partnerschaftsfragen spezialisierter Psychotherapeut.

Die Scheidungsrate liegt bei 50 Prozent, und nichts deutet auf einen Rückgang hin. »Mißverstandene Geschlechtsunterschiede sind einer der wichtigsten Scheidungsgründe«, sagt Dr. Howard Markman, Direktor des Zentrums für Ehe- und Familienstudien an der University of Denver. Ich hoffe sehr, daß es zum besseren Verständnis zwischen Männern und Frauen beiträgt, wenn die geschlechtsspezifischen Unterschiede hier in komprimierter Form klar und deutlich dargestellt werden.

Die Bandbreite der Unterschiede

Nach dem Gesagten ist wohl ein entscheidender Einspruch vonnöten. Kein Mann ist wie der andere, keine Frau wie die andere. Es gibt keine zwei identischen Daumenabdrücke, Schneeflocken oder Blätter, und ebenso ist jeder Mensch einmalig, einzig in seiner Art und unwiederholbar. Dennoch liegt unserer Einzigartigkeit etwas Allgemeingültiges zugrunde – unsere geschlechtsspezifische Persönlichkeit. Wir sind in unterschiedlichem Maß männlich oder weiblich geprägt. Wenn wir diese Facetten der Persönlichkeit verstehen, werden wir mehr Verständnis für uns selbst und den anderen haben.

Sie sollten beim Lesen dieses Buches immer daran denken, daß es sich bei den Beschreibungen von Frauen und Männern stets um Verallgemeinerungen handelt. Keine(r) paßt genau in dieses Schema. Ihre Freundin Barbara liebt vielleicht Sport und Spiel über alles (eine typisch »männliche« Eigenschaft), während Rick sehr einfühlsam ist (eine typisch »weibliche« Eigenschaft). Zudem werden Sie immer wieder auf Menschen treffen, die absolut die Ausnahme sind – Männer mit insgesamt eher weiblichen Eigenschaften und Frauen mit eher männlichen Charakterzügen. Darauf sollten Sie vorbereitet sein.

Verallgemeinerungen sind immer Durchschnittswerte – sie sagen viel über eine große Gruppe von Menschen aus, aber sehr wenig über den einzelnen.

Bei diesen geschlechtsspezifischen Unterschieden sind auch weder die soziale Schicht, die Rasse noch die ethnische Gemeinschaft berücksichtigt – wir sehen das Ganze wiederum nur aus einer Warte, nämlich der, was die weiße Gesellschaft als Männlichkeit oder Weiblichkeit definiert. Und es ist wichtig zu wissen, daß viele dieser Verhaltensmerkmale sich herausbilden, während der einzelne erkundet, was Mann- oder Frausein bedeutet.

Verallgemeinerungen können auch gefährlich sein, wie Deborah Tannen, Autorin von *Du kannst mich einfach nicht verstehen* im *New Age Journal* betont: »Aber ganz besonders leiden die Frauen darunter, wenn wir die Unterschiede nicht deutlich machen, denn wir haben eine Norm in diesem Land – und diese Norm legt den Mann als Maßstab zugrunde.« Diesen unseren unterschiedlichen Blickwinkeln will *Männer sind vom Mars, Frauen von der Venus* Rechnung tragen.

Dieses Buch ist ein Nachschlagewerk

Es wurde für vielbeschäftigte Frauen und Männer geschrieben und so konzipiert, daß Sie bei Bedarf schnell etwas nachlesen können, denn jedes Thema wird auf zwei Seiten zusammengefaßt behandelt – als eine Sammlung von Daten aus einer Vielzahl von Quellen. Die hier ausgewählten Themen tauchen in Magazinen, Zeitungen, Fachzeitschriften und bei Talkshows im Fernsehen häufig auf.

Jeder der 60 Unterschiede ist durch einschlägige Forschungsergebnisse belegt und durch interessante Zitate und Tips zum Umgang mit dem anderen Geschlecht (oder wie Sie das Problem für sich selbst lösen) ergänzt. Am Schluß jedes Themenbereiches finden Sie unter einer Überschrift wie »Zur Vertiefung des Themas« einfache Vorschläge, Literatur- und Filmempfehlungen und Hinweise zu Workshops. Die meisten der Bücher, die ich hier empfehle, sind für Frauen geschrieben, einfach weil es für Männer weniger gibt. »Selbsthilfebücher werden häufiger von Frauen als von Männern gelesen«, sagt die Psychologin Penelope Russianoff. »Frauen bringen Männer häufiger zu Beratern oder in die Therapie als umgekehrt.«

Verlassen Sie sich nicht auf ein bestimmtes Buch allein, auch nicht auf das Ihnen vorliegende. Jeder Autor ist voreingenommen und hebt verschiedene Punkte besonders hervor. Lesen Sie die Arbeiten mehrerer Autoren, dann werden Sie dem ein gutes Stück näher kommen, was Männlichkeit und Weiblichkeit ausmacht.

Dieses Buch will Frauen nicht dazu drängen, mehr wie Männer zu werden, und ebensowenig Männer, sich mehr den Frauen anzugleichen. Es geht darum, uns die geschlechtsspezifischen Wesenszüge zu bewahren, die uns von Nutzen sind – sowohl individuell wie kollektiv gesehen –, und die zu ändern oder abzulegen, die uns im Wege stehen. Lyn Nesbit schreibt in der Zeitschrift *Self*: »Ich sehne mich nach einer

Welt, in der Männer und Frauen problemlos und generös zu ihren unterschiedlichen Sichtweisen stehen können und erkennen, wie bereichernd und nicht bedrohlich diese Unterschiede sein können.«

Ich stimme ihr von ganzem Herzen zu.

Cris Evatt

Wie gut kennen Sie Frauen und Männer?

Hier ein kleines Quiz zu den Geschlechtsunterschieden. Machen Sie es jetzt gleich, damit Sie sehen, wie gut Sie über Männer und Frauen Bescheid wissen. Die Antworten finden Sie auf S. 158.

1. Frauen haben eine direktere Ausdrucksweise als Männer.
   Richtig ___ Falsch ___
2. Männer holen sich eher bei anderen Hilfe als Frauen.
   Richtig ___ Falsch ___
3. Frauen versuchen andere eher zu verändern als Männer.
   Richtig ___ Falsch ___
4. Männer sind eifersüchtiger als Frauen.
   Richtig ___ Falsch ___
5. Frauen geben mehr mit ihren Erfolgen an als Männer.
   Richtig ___ Falsch ___
6. Respektiert zu werden ist für Frauen besonders wichtig.
   Richtig ___ Falsch ___
7. Männer brauchen mehr »Freiraum« – Zeit für sich allein – als Frauen.
   Richtig ___ Falsch ___
8. Frauen können mit Streß besser umgehen als Männer.
   Richtig ___ Falsch ___
9. Männer suchen stärker Anerkennung von anderen als Frauen.
   Richtig ___ Falsch ___
10. Durch Einschüchterung gewinnen ist eine männliche »Tugend«.
    Richtig ___ Falsch ___
11. Frauen sind entschlußfreudiger als Männer.
    Richtig ___ Falsch ___
12. Männer geben lieber Befehle als Frauen.
    Richtig ___ Falsch ___
13. Frauen entschuldigen sich häufiger als Männer.
    Richtig ___ Falsch ___
14. Männer erzählen mehr Witze und Anekdoten als Frauen.
    Richtig ___ Falsch ___
15. Bei öffentlichen Diskussionen führen normalerweise Frauen das Wort.
    Richtig ___ Falsch ___
16. Männer nehmen Äußerungen eher wörtlich als Frauen.
    Richtig ___ Falsch ___

17. Frauen riskieren körperlich mehr als Männer.
Richtig ___ Falsch ___
18. Männer reden öfter über ihre Gefühle als Frauen.
Richtig ___ Falsch ___
19. Frauen machen sich viel mehr Sorgen als Männer.
Richtig ___ Falsch ___
20. Männer reden lieber über Dinge als über Menschen.
Richtig ___ Falsch ___
21. Frauen gehen verbalen Auseinandersetzungen eher aus dem Weg als Männer.
Richtig ___ Falsch ___
22. Männer liegen anderen mit Bitten öfter in den Ohren als Frauen.
Richtig ___ Falsch ___
23. Frauen unterbrechen andere mehr als Männer.
Richtig ___ Falsch ___
24. Männer tratschen mehr als Frauen.
Richtig ___ Falsch ___
25. Frauen wollen lieber verheiratet sein als Männer.
Richtig ___ Falsch ___
26. Männer telefonieren häufiger als Frauen.
Richtig ___ Falsch ___
27. Frauen haben eine lebhaftere Mimik als Männer.
Richtig ___ Falsch ___
28. Männer neigen sich dem Gesprächspartner in der Körperhaltung mehr zu als Frauen.
Richtig ___ Falsch ___
29. Frauen haben ungefähr ein Zehntel der Testosteronmenge von Männern.
Richtig ___ Falsch ___
30. Männer reden mehr über Gesundheitsthemen als Frauen.
Richtig ___ Falsch ___

Die Grundlagen

♀♂

Der wichtigste aller Unterschiede

Frauen sind mehr auf andere bezogen, Männer eher selbstbezogen

Frauen erleben sich in erster Linie in Beziehung zu den Menschen in ihrem Umfeld, und ihr Selbstgefühl kommt aus dieser Bezogenheit. Frauen orientieren sich gewöhnlich mehr nach außen, und sie haben ein geradezu unerschöpfliches Interesse für andere und ihre Bedürfnisse. Eben das macht Frauen zu so guten Müttern, Partnern und Freunden. Sich um andere zu kümmern, ist ein derart starker weiblicher Charakterzug, daß eine Frau es oft sogar zu ihrem eigenen Schaden macht. Dem trägt auch das Konzept der Co-Abhängigkeit Rechnung, das sich inzwischen durchgesetzt hat. »Das größte Problem einer Frau in einer Beziehung ist, ihr Selbstgefühl zu halten, während sie sich so sehr darum bemüht, die Bedürfnisse anderer zu erfüllen«, schreibt John Gray.

Männer hingegen denken, handeln und fühlen auf eine Weise, die zeigt, daß das Selbst an erster Stelle steht und andere Menschen sekundär sind. In der Tat bezieht ein Mann sein Selbstgefühl daraus, wie viele Forscher belegen, daß er sich in einem Prozeß der Individuation mit anderen mißt. Diese Selbstbezogenheit erlaubt es einem Mann, in der Welt mit Entschlossenheit und Selbstvertrauen zu handeln. Deshalb müssen Männer, um anderen nahe zu sein, psychisch eine größere Distanz überwinden als Frauen. »Die größte Schwierigkeit für einen Mann ist, seine Neigung zur Selbstbezogenheit zu überwinden«, sagt Gray.

Natürlich läßt sich der einzelne Mann, die einzelne Frau nicht unter dem einen oder anderen Extrem einstufen. Frauen neigen dazu, stark, mäßig oder nur wenig auf andere bezogen zu sein, während Männer dazu tendieren, stark, mäßig oder geringfügig selbstbezogen zu sein. Und bei beiden Geschlechtern gibt es manche, die sich eher wie Mitglieder des jeweils anderen Geschlechts verhalten.

Was ist besser? Weder das eine noch das andere, obwohl zu allen Zeiten die männliche Wesensart als wertvoll und Frauen als unzulänglich betrachtet wurden. Erst seit wenigen Jahren wird die Art von Frauen langsam als anders angesehen und nicht als zweitklassig.

Auf persönlicher Ebene können Probleme entstehen, wenn ein starkes Selbstgefühl mit einem schwach entwickelten Gefühl für andere gekoppelt ist; das Selbst wird dann oft zu fordernd, was zum Mißbrauch anderer führen kann. Entsprechend kann ein starkes Gefühl für andere, gekoppelt mit einem schwachen Selbstgefühl, zur Folge haben, daß das Selbst schwach und ängstlich und leicht zertrampelt wird. Am besten ist eine ausgewogene Bewußtheit seiner selbst und anderer.

Es beginnt schon sehr früh

Die weibliche Bezogenheit auf andere belegt eine faszinierende Studie zum Thema Wahrnehmung, die in den 70er Jahren durchgeführt wurde. Eine Gruppe von Kindern bekam spezielle Brillen, mit denen sie auf dem linken und rechten Auge gleichzeitig verschiedene Bilder sahen. Alle bekamen das gleiche zu sehen, aber die Jungen zählten wesentlich mehr Objekte auf, die Mädchen nahmen mehr Menschen wahr.

Interessante Zitate

- »Ich glaube nicht, daß Jungen allgemein so genau auf die emotionale Welt der Beziehungen achten wie Mädchen. Mädchen haben diese Welt den ganzen Tag im Auge, wie das Wetter.« – Carol Gilligan, Psychologin.
- »Die weibliche Persönlichkeit definiert sich in jeder bekannten Gesellschaftsform mehr als die männliche über die Beziehung zu und in bezug auf andere Menschen.« – Nancy Chodorow, Psychologin

Es kommt noch einiges

Die weiblichen Charakterzüge in diesem Buch bestätigen den allgemeinen Schluß, daß Frauen ihre Aufmerksamkeit mehr auf andere richten. Ebenso liefern die männlichen Eigenschaften konkrete Beispiele dafür, daß Männer vorrangig auf sich selbst bezogen sind. Fragen Sie sich beim Lesen immer wieder: »Inwieweit bestätigt das die Grundprämisse?«

♀♂

Zu nah auf der Pelle

Frauen brauchen in Beziehungen mehr Nähe, Männer mehr Abstand

Wie oft haben Sie nicht schon gelesen oder gehört, daß Frauen sich über emotional sehr zurückhaltende Männer beklagen? »Kühl« ist eines der Worte, mit denen Männer beschrieben werden, die »Mauern« um sich errichten. Das Bedürfnis, die Nähe zu anderen zu kontrollieren, scheint generell ein typisch männliches Merkmal zu sein. Den Autoren von *Brain Sex* zufolge »machen es die undurchdringlichen und starren Ich-Grenzen Männern schwer, die Art von Intimität zuzulassen, die Frauen als selbstverständlich betrachten«.

Umgekehrt fühlen sich Frauen stark zu anderen Menschen hingezogen und wünschen sich in Beziehungen meist mehr Nähe, Verbundenheit und Intimität als Männer. Selbst von der Körperhaltung her wenden sie sich anderen mehr zu als Männer: Die Psychologin Shirley Weitz zitiert in ihrem Buch über nonverbale Kommunikation mehrere Studien, die belegen, daß Frauen sich in der Körperhaltung wesentlich stärker zu anderen hin orientieren als Männer.

Das weibliche Bedürfnis nach Intimität ist von Frau zu Frau unterschiedlich, ebenso wie das männliche Bedürfnis nach Abstand. Echte Probleme ergeben sich, wenn extreme Klammerer mit extremen Distanzierern zusammenkommen. Oder wenn Frauen unrealistische Erwartungen in bezug auf Intimität und Männer unrealistische Erwartungen in bezug auf Abstand haben. »Wichtig ist, daß einen das Maß an Intimität, das man hat, zufriedenstellt. Jede Beziehung bestimmt ihr eigenes Maß an Intimität. Es gibt kein optimales Maß«, sagt James M. Harper, Dr. phil., Familientherapeut an der Brigham Young University.

Unterstützende Studien

Einige Studien lassen vermuten, daß das männliche Bedürfnis nach Abstand auch eine biologische Komponente hat:

- Notarius & Johnson haben 1982 die »Hautleitfähigkeit« von Ehepaaren untersucht, während ein Partner sich über etwas beklagte und der andere offenbar gleichgültig zuhörte. Die Männer zeigten dabei eine wesentlich höhere Hautleitfähigkeit (ein Streßindikator) als ihre Frauen.

Die Klagen ihrer Gattin beunruhigten Männer mehr als umgekehrt die Frauen. Die erhöhte Aktivation des sympathischen Nervensystems bei den Männern läßt darauf schließen, daß Männer auf Klagen emotional reagieren, ob sie es nun auch verbal tun oder nicht.

• Levinson & Gottman untersuchten 1985 das Aktivationsniveau bei Ehemännern, die darauf warteten, ihren Frauen erzählen zu können, wie ihr Tag gewesen war. Sie stellten fest, daß allein schon die Erwartung von Intimität für Männer Aufregung (d. h. Streß) bedeutet. Sie stellten ebenfalls fest, daß diese Aufgeregtheit bei Männern langsamer nachläßt als bei Frauen. Darüber hinaus fanden sich Beweise, daß das Aktivationsniveau bei Männern mehr negative Nebenwirkungen hat, sowohl körperlich wie psychisch, als bei Frauen.

Kommt Ihnen einer dieser Typen bekannt vor?

Manche Männer haben ein extremes Bedürfnis nach Distanz, das sich in einer von zwei Persönlichkeitstypen manifestieren kann. Frauen, auf die diese Beschreibungen zutreffen, gibt es weniger.

• **Die zum Wachrütteln** (die verbalen Distanzierer): Solche Männer sprechen langsam, leise und mit einer monotonen Stimme. Sie geben, wie Clint Eastwood, knappe Antworten und werden verbal nur aktiver, wenn ihr Lieblingsthema angeschnitten wird. Diese introvertierten Typen heiraten oft extrem redselige Frauen. Es ist schwerer als beim Durchschnittsmann, sie wirklich kennenzulernen.

• **Die Einzelgänger** (die räumlichen Distanzierer): Diese »eingefleischten Junggesellen« können nicht mit Frauen oder auch männlichen Zimmergenossen zusammenleben. Sie verabreden sich vielleicht ein- oder zweimal mit einer Frau oder sorgen dafür, daß zwischen Verabredungen Wochen oder Monate liegen. Im allgemeinen mögen sie Sex, aber wenn eine Frau über Nacht bleibt, wird sie nach dem Frühstück oft hinauskomplimentiert. Häufig wird ein Hund zum Lebensgefährten erkoren.

♀♂

Einen Schritt vor, zwei zurück?

Männer haben vor allem Angst vorm Aufgefressenwerden, Frauen vor dem Verlassenwerden

»Ich fühle mich erdrückt!« Ihr Bedürfnis nach Distanz macht Männer empfindlicher gegenüber der Gefahr, von anderen aufgefressen zu werden. Sie können nur ein bestimmtes Maß an Nähe – Reden, Zärtlichkeit, Zuneigung, Zusammensein – verkraften, und wenn dieses Maß überschritten wird, ziehen sie sich meistens zurück. Allerdings wissen die meisten Männer nicht, wie sie es Frauen sagen sollen, daß sie sich erdrückt fühlen und mehr Abstand brauchen. Sie fühlen sich einfach unbewußt unter Druck gesetzt und versuchen, aus dieser Situation möglichst schnell herauszukommen. Sie vergraben sich hinter der Zeitung, gehen mit den Kumpels auf ein Bier, flüchten sich in Schweigsamkeit oder Überstunden – alles, um mehr Freiraum zu bekommen.

Frauen fühlen sich oft alleingelassen, wenn Männer sich in dieser Weise entziehen; es läuft ihrem Bedürfnis nach Intimität zuwider, wenn Männer sich distanzieren. Wenn sie unter Streß stehen, gehen sie meist auf den Mann zu und wollen von ihm Nähe oder Trost. Verlassenheitsgefühle – Einsamkeit, Traurigkeit, Verzweiflung, Angst usw. – sind das naturgemäße Resultat, wenn man andere zu seinem wichtigsten Bezugspunkt macht. Wenn Frauen sich über und durch Beziehungen definieren, ist es nur natürlich, daß sie leiden, wenn Männer sich distanzieren.

Frauen neigen auch dazu, sich selbst die Schuld für das Verhalten von Männern zu geben. Anstelle der Erkenntnis, daß dieses Verhalten auf einem tief verwurzelten Geschlechtsunterschied beruht, steht das Gefühl, selbst schuld daran zu sein: »Er liebt mich nicht! Was mache ich falsch?« Frauen haben aber überhaupt nichts »falsch gemacht«, wenn Männer sich distanzieren wollen. Es ist wirklich dieser grundlegende Unterschied, der sich hier auswirkt. Carol Gilligan, die Autorin von *Die andere Stimme*, schreibt: »Die männliche Identität wird durch Intimität bedroht, die weibliche Identität durch Trennung. Deshalb haben Männer eher Schwierigkeiten mit Beziehungen, und Frauen eher Probleme mit der Individuation.«

Anders von Anfang an

Die englischen Forscherinnen Diane McGuiness und Corinne Hutt haben bei Studien an Kleinkindern festgestellt:

- Schon zwei bis drei Tage alte weibliche Babys halten fast doppelt so lange Augenkontakt mit Erwachsenen wie Jungen.
- Mit vier Monaten können die meisten kleinen Mädchen bekannte und fremde Gesichter auf Photos unterscheiden; Jungen können das im allgemeinen nicht.
- Mächen im Vorschulalter verabschieden sich an der Kindergartentür im Durchschnitt 92,5 Sekunden von ihrer Mutter; Jungen erledigen das in etwa 32 Sekunden.
- Ein neuer Klassenkamerad – gleich welchen Geschlechts – wird von Mädchen im allgemeinen freundlich und neugierig begrüßt, von Jungen eher gleichgültig.

Was können wir tun?

- **Frauen:** 1. Erwarten Sie von Männern nicht, daß sie sich wie Ihre Freundinnen verhalten, die ebensoviel Intimität brauchen wie Sie selbst. 2. Lernen Sie erkennen, mit welchen Symptomen Männer auf das Gefühl von Aufgefressenwerden reagieren. Männer, die sich erdrückt fühlen, wirken nervös, angespannt, verärgert und sagen Sachen wie »Laß mich in Ruhe« und »Nimm doch nicht immer alles so tierisch ernst«. Dann ziehen sie sich zurück. Lassen Sie Männern mehr Freiraum, dann kommen sie meistens von sich aus. 3. Achten Sie mal darauf, wie bei Ihnen die Angst vor Verlassenwerden hochkommt, wenn Männer sich erdrückt fühlen und sich dementsprechend verhalten. Versuchen Sie sich ihr Verhalten nicht allzu sehr zu Herzen zu nehmen – es ist nicht persönlich gemeint. Wenn Sie es als normal betrachten, wird es Sie weniger ängstigen.
- **Männer:** 1. Erwarten Sie von Frauen nicht, daß sie sich wie Ihre männlichen Freunde verhalten. Andere Männer brauchen Abstand wie Sie, aber Frauen sehnen sich nach Nähe. 2. Beginnen Sie Ihr Bedürfnis nach Distanz zu erkennen, und artikulieren Sie es auch: »Ich brauche es jetzt einfach, daß ich mich eine Stunde allein vor den Fernseher setze.« 3. Lernen Sie die Symptome erkennen, wenn eine Frau Verlassensängste hat: Sie wird dann oft sehr emotional, redet viel und befürchtet, nicht mehr geliebt zu werden. Tun Sie etwas, damit dieses Gefühl sich nicht hochschaukelt, und gehen Sie beim ersten Anzeichen von Bedürftigkeit liebevoll auf sie zu. Ein einfaches: »Ich liebe dich, auch wenn ich nicht die ganze Zeit bei dir bin« kann Wunder wirken.

♀♂

Wer bin ich eigentlich?

Frauen neigen zur Überidentifikation mit anderen Menschen, Männer zur Überidentifikation mit der Arbeit

Viele Frauen stellen ihre eigenen Interessen und Begabungen hintan, um die Bedürfnisse und Wünsche ihrer Partner, Kinder und Freunde zu erfüllen. Das hat seine guten und schlechten Seiten. So könnte zum Beispiel keine Frau eine gute Mutter sein, wenn sie nicht um ihrer Kinder willen wenigstens einige ihrer Bedürfnisse zurückstellen würde. Investiert eine Frau aber zuviel von sich in andere, kann sie ihr Selbstgefühl total verlieren. Louise Eichenbaum sagt in ihrem Buch *Was wollen die Frauen?*: »Die flexiblen Grenzen einer Frau führen zu Verwirrung darüber, wo sie selbst endet und ein anderer Mensch beginnt.«

Männer verlieren sich in anderen viel seltener. Durch ihre größere Selbstbezogenheit haben sie einen besseren Kontakt zu ihren eigenen Bedürfnissen. Denn die männliche Identität ist sehr stark mit eigenen Handlungen, Entscheidungen, Vorstellungen und Fakten verbunden, viel mehr als die weibliche. Allerdings sind ihre Bedürfnisse sehr eng an Leistung gekoppelt, und deshalb geraten Männer oft in einen solchen Leistungszwang, daß sie ihr Selbstgefühl verlieren. Daß Männer sich vor allem als Macher sehen, kann sie zu Workaholics werden lassen und zu einem ebenso großen Verlust des Selbst an die Arbeit führen, wie Frauen ihr Selbst an andere verlieren. »Natürlich verkaufen die meisten Männer einen guten Teil ihrer Identität an irgendwelche Firmen und Institutionen, so wie Frauen sich einem Mann verkaufen«, schreibt Warren Farrell in *Warum Männer so sind, wie sie sind.* Sie verlieren durch ihr fast zwanghaftes Leistungsbedürfnis oft den Bezug zu vielen anderen wichtigen Dingen im Leben – Freundschaft, Liebe, den Kontakt zu sich selbst und den Kindern. Seit kurzem setzt sich die Männerbewegung mit diesem Problem auseinander, weil die Männer langsam zu erkennen beginnen, was sie opfern müssen, um in der Welt erfolgreich zu sein.

Es ist so wahr!

- »Die Säulen der männlichen Identität sind Kampf, Arbeit und Sex.« – Sam Keen, Psychologe

• »Den Frauen von heute sind die Werte der männlich geprägten Gesellschaft aufgezwungen worden, die Leistung höher ansetzt als Sein.« – Joseph Campbell

Verallgemeinerungen

Wir haben gerade über die Identität als Person gesprochen, aber was ist mit der »Geschlechtsidentität« – mit Männlichkeit und Weiblichkeit? Allgemein kann man sagen, daß ein Mann um so männlicher – stark, viril, dominant, machohaft – erscheint, je selbstbezogener er ist. Und je mehr eine Frau auf andere bezogen ist, um so fügsamer – schwach, emotional, abhängig, sanft – wird sie erscheinen. Mit anderen Worten: Je mehr die Leute aus der harmonischen Balance geraten, um so mehr werden sie zu einer Karikatur ihres Geschlechts.

Mehr träumen, weniger opfern

Viele Frauen hätten gerne ein stärkeres Selbstgefühl. Und es ist ihre Sache, sich eine Identität zu erarbeiten, die vom Stellenwert her mit ihren Beziehungen mithalten kann. Das kann ihnen niemand abnehmen. In *Männer – Was jede Frau wissen sollte* sagte die Psychologin Barbara DeAngelis: »Jedes Mal, wenn Sie Interessen, einen Freund oder einen Traum aufgeben in der Hoffnung, damit die Liebe eines Mannes zu gewinnen, geben Sie auch einen Teil von sich selbst auf. Je mehr Sie opfern, desto weniger bleibt von Ihnen, bis Sie eines Tages aufwachen und sich selbst leer fühlen. Es ist nichts von Ihnen übriggeblieben.«

Für Sie ganz persönlich

• **Frauen:** Leihen Sie sich zur Inspiration den Videofilm *Shirley Valentine – Auf Wiedersehen, mein lieber Mann*: Eine verheiratete Frau macht Urlaub in Griechenland und »findet sich selbst«. Sehenswert sind auch *Eine verheiratete Frau* und *Schütze Benjamin*.

• Besonders für Studentinnen interessant ist Ruthellen Josselsons Buch *Der Weg zu mir*. Hier erzählen »ganz normale« Frauen, zuerst während ihrer Collegezeit und dann zwölf Jahre später interviewt, von ihrem Lebensweg.

• **Männer:** Für Männer, die lernen wollen zu leben, statt immer nur Leistung zu bringen, ist der Film *City Slickers – Die Großstadthelden* sehenswert.

Gefühle, Gefühle

♀♂

Sie möchte allen gefallen

Frauen suchen mehr die Anerkennung von anderen, Männer tun eher, was ihnen paßt

Anerkennung suchen bedeutet, daß man die positive Meinung von anderen braucht oder die Erlaubnis, etwas zu tun. Da Frauen ihren Bezugspunkt in anderen haben, stellen sie sich unbewußt auf den anerkennenden oder mißbilligenden Blick ihrer Mitmenschen ein, um ihnen zu gefallen und damit zu bekommen, was sie wollen – gemocht zu werden und sich anderen verbunden zu fühlen.

Sie kennen doch sicher das berühmte Lied »*I did it my way*« (Ich machte es auf meine Art). Und genau das tun die meisten Männer. Die meisten Männer machen sich mehr Gedanken darüber, ob sie beachtet und respektiert werden, als über Anerkennung. Sie mögen es nicht, wenn man ihnen sagt, was sie tun sollen. Sie fühlen sich dann wie Underdogs, Befehlsempfänger, weniger männlich. Männer wollen weniger gefallen, weil sie aufgrund ihrer Selbstbezogenheit weniger Angst davor haben, sich jemand zum Feind zu machen, Konflikte auszutragen, Ärger zu zeigen. Was bedeutet, daß sie eher das tun, was ihnen paßt. Natürlich sind nicht alle Frauen unbedingt auf Anerkennung aus. Madonna, Shirley MacLaine und Whoopi Goldberg sollen hier nur als Beispiel für selbstbewußte Frauen genannt werden, die nach ihrer eigenen Fasson leben. Bei vielen Frauen aber ist das Leben von der Jagd nach Anerkennung bestimmt. Die Schriftstellerin Erica Jong bekennt: »Von außen gesehen war ich mit jeder Faser meines Herzens Schriftstellerin, aber vom Gefühl her hätte ich für die Anerkennung eines Mannes meine Seele verkauft.«

Frühes Training

Beth Milwid, Autorin von *Allein unter Männern*, hat 125 Akademikerinnen interviewt. Hier die Aussage von einer der Frauen: »Die ganze Geschichte mit dem Gemochtwerden ist für Männer einfach kein Problem. Ich erinnere mich, daß ich als Kind nach Hause gekommen bin und zu meiner Mutter gesagt habe: ›Die und die mag mich nicht.‹ Und meine Mutter, statt zu sagen: ›Pfeif drauf!‹ oder: ›Na und?‹ meinte dann immer: ›Also morgen gehst du zu denen hin und sagst, daß sie sehr nett aussehen und daß sie dies oder jenes ganz toll gemacht haben. Mach ihnen ein Kompliment.‹« An dieser kleinen Episode sieht man, wie viele kleine Mädchen dazu erzogen werden, die Meinung der anderen sehr wichtig zu nehmen.

Interessante Zitate

- »Ich war Kritik gegenüber immer sehr empfindlich und habe eigentlich mein ganzes Leben versucht, es jedem in allem recht zu machen. Die Folge davon war, daß ich nicht nur mir selbst nicht gefiel, sondern daß ich dermaßen damit beschäftigt war, so zu sein, wie der andere mich haben wollte, daß ich fast eine andere Identität angenommen habe.« – Joan Collins
- »Frauen werden dazu erzogen, anderen Leuten das Leben auf Kosten ihrer eigenen Person angenehmer zu machen; Männer werden dazu erzogen, ihr Selbst ›aufzupolstern‹, oft auf Kosten anderer. Es ist schwer, hier eine Balance hineinzubekommen.« – Harriet Goldhor Lerner, *Zärtliches Tempo*.

Sie kann nicht nein sagen

»Schon mal den Hörer aufgelegt, nachdem Sie zugesagt haben, 48 Dutzend Plätzchen für eine Halloween-Party zu backen, den Vorsitz bei zwei Wohltätigkeitsvereinen zu übernehmen, Überstunden zu machen, obwohl Sie privat etwas anderes vorhatten? Hinterher würden Sie sich am liebsten die Zunge abschneiden, sterben oder wenigstens eine furchtbar ansteckende Krankheit bekommen«, schreibt Sue Thoele in ihrem sehr hilfreichen Buch *Bis hierher und nicht weiter. Wie Frauen lernen, sich selbst zu behaupten*. »Wenn Sie sich so fühlen, dann heißt das, daß Sie sich gerade wieder einmal geopfert haben.« Um dem ein Ende zu machen, müssen Frauen nach Meinung von Thoele ihre moralischen Gebote (»Ich sollte doch…«), die sie aufreiben, durch aufbauende Formulierungen wie *ich kann, ich möchte, ich will* oder *ich werde* ersetzen.

♀♂

Das Kreuz mit der Abhängigkeit

Männer sind meistens unabhängiger als Frauen

Die meisten Männer unterwerfen sich nicht gerne Regeln, die andere aufgestellt haben – sie möchten ihre Sachen auf *ihre* Art machen, ohne daß jemand dazwischenfunkt. Die Sozialisation zur Unabhängigkeit beginnt sehr früh – kleine Jungen träumen davon, Superman oder Batman zu sein. »Jungen bekommen während ihrer Entwicklung implizit und explizit vermittelt, daß solche Männer bewundert werden, die Führerpersönlichkeiten sind und die Sachen in die Hand nehmen«, sagt der Psychologe Morton Shaevitz.

Umgekehrt »beginnt sich ein Mädchen schon von klein auf anders zu verhalten als ein Junge. Wo er unabhängig und aggressiv ist, ist sie schüchtern und will für sich einnehmen. Ihr ganzes Verhalten hat mit der Beziehung zu jemand anderem zu tun, von dem sie Aufmerksamkeit oder Fürsorge oder Liebe zu bekommen hofft«, schreibt M. Esther Harding in *Der Weg der Frau*.

Das weibliche Grundbedürfnis nach Intimität schafft Abhängigkeit von anderen. Es sind die Frauen, die mehr darauf angewiesen sind, daß der Geliebte anruft, »Ich liebe dich« sagt, sie schätzt. Es sind die Frauen, die am meisten leiden, wenn von anderen gefühlsmäßig nichts kommt.

Männer spüren unbewußt, daß Intimität die Achillesferse von Frauen ist, und daß es viele Frauen besser finden, *irgend jemand* zu haben statt gar niemand – auch wenn er eine miese Ratte ist. Sie wissen instinktiv, daß viele Frauen sich nur sehr schwer aus destruktiven Beziehungen lösen, weil Lieben für sie eben so wichtig ist. M. Scott Peck schreibt in *Der wunderbare Weg*: »Abhängigkeit kann wie Liebe aussehen, denn sie ist eine Kraft, die Menschen dazu bringt, sich mit aller Macht aneinander zu klammern. In Wirklichkeit ist es aber keine Liebe, sondern eher eine Art Anti-Liebe.«

Das arme Aschenputtel

Colette Dowling schreibt in ihrem Buch *Der Cinderella-Komplex*, daß Frauen eine versteckte *Angst* vor Unabhängigkeit anerzogen wird. Zwei andere Quellen nennen hierfür andere Gründe:

- Überleben ist oberstes Gebot: In einer Welt der Jäger und Sammler ermöglichten diese Verhaltensweisen den Frauen und Kindern das Überleben. So schreiben die Psychologen Glantz und Pearce: »Wir stimmen (mit Dowling) nicht überein. Die Abneigung einer Frau gegen ein unabhängiges Leben basiert nicht auf einer pathologischen Angst. Sie ist vielmehr eine genetische Strategie und dazu gedacht, daß sie eine Verbindung mit einem Mann eingeht, der sie mit Fleisch versorgt. Diese Strategie wird indirekt durch die Emotionen gesteuert: Frauen fühlen sich unwohl und sind unzufrieden, wenn sie ganz auf eigenen Füßen stehen.«

• Hormone sind schuld: »Man hat anhand eines standardisierten Persönlichkeitsfragebogens festgestellt, daß sowohl Jungen wie Mädchen von Müttern, die während der Schwangerschaft zusätzlich männliche Hormone eingenommen hatten, eigenständiger, selbstsicherer, unabhängiger und individualistischer waren. Kindern, deren Mütter weibliche Hormone eingenommen hatten, zogen Gruppenaktivitäten vor und hielten sich mehr an andere«, sagen die Autoren von *Brain Sex*.

Die Abhängigkeit der Männer von Frauen

Auch wenn Männer unabhängiger sind, heißt das nicht, daß sie keine Abhängigkeitsbedürfnisse haben. Tatsächlich sind Männer sehr darauf angewiesen, daß eine Frau sie seelisch und emotional versorgt, ihnen Unterstützung und Bestätigung gibt. Die Psychologin Karen Johnson sagt: »Heterosexuelle Jungen lernen, sich auf Frauen zu verlassen – erst auf die Mutter, später auf die Ehefrau. Wir denken meistens, Männer hätten keine Abhängigkeitsbedürfnisse, weil ihre Bedürfnisse besser und schneller befriedigt werden – oft ohne daß der Mann sie überhaupt bewußt registrieren muß.«

Zur Vertiefung des Themas

• Dieser Aspekt wird sehr detailliert in Büchern über Co-Abhängigkeit untersucht, insbesondere in *Unabhängig sein* und *Mut zur Unabhängigkeit* von Melody Beattie. Auch viele Zwölf-Schritte-Selbsthilfegruppen beschäftigen sich mit Co-Abhängigkeit. Achten Sie auf Informationen in entsprechenden Medien.

♀♂

Wie fühlst du dich?

Frauen äußern ihre Gefühle meist leichter als Männer

»Wie stehst du denn dazu, Jeff, so gefühlsmäßig?« »Öhhh...« Es ist allgemein bekannt, daß die meisten Männer Gefühle lieber in die Tat umsetzen, als über sie zu reden. Männer werden dazu erzogen, keine Gefühle zu zeigen, weil es unmännlich ist, ein Zeichen von Schwäche: »Männer werden dazu erzogen, alle Emotionen zu unterdrücken, außer, unter bestimmten Umständen, *Ärger und Zorn*. Sie werden dazu erzogen, beherrscht und gelassen zu sein, besonders in schwierigen oder gefährlichen Situationen«, sagt der Psychologe Jonathan Kramer.

Frauen hingegen können über die meisten Gefühle offener reden und empfinden die zurückhaltende Art von Männern als frustrierend. Frauen reagieren auf viele Dinge *emotional*, die Männer lediglich mit einem Schulterzucken und Grunzer quittieren. Viele Männer glauben deshalb, daß Frauen mehr emotionale Probleme haben als sie, weil Frauen offen über ihre Schwierigkeiten und Sorgen reden.

Diese Dichotomie kann die Ursache vieler Probleme zwischen den Geschlechtern sein. Dr. Herb Goldberg beschreibt in seinem Buch *Veränderungen* eine sehr häufige Konstellation: »Er fühlt sich von ihrer emotionalen Intensität angezogen. Ihre spontane und offene Art gibt ihm das Gefühl, ihr nahe zu sein, er fühlt sich sehr lebendig und menschlich. *Später* sind ihm diese Eigenschaften ein Beweis dafür, daß sie irrational ist und sich nicht unter Kontrolle hat.«

Liegt es an den Gehirnwindungen?

Viele Experten sind der Ansicht, daß Männer es erlernen, ihre Gefühle zu verbergen. Das mag zwar stimmen, aber Anne Moir und David Jessel, die Autoren von *Brain Sex*, haben eine andere Erklärung parat. Sie behaupten, daß Frauen »ein effizienter organisiertes Sprachzentrum haben. Es liegt an der Vorderseite der linken Hirnhälfte, während die gleiche Funktion im männlichen Gehirn auf Vorder- und Rückseite verteilt ist – eine weniger effektive Aufteilung.« Wegen dieses spezifischen Gehirnaufbaus, so ihre Argumentation, sei es für Männer schwerer, über ihre Gefühle zu reden!

Das heißt aber nicht, daß Männer nicht lernen könnten, ihre Gefühle zu äußern. Janice Juraska, Biopsychologin an der University of Illinois in Urbana-Champaign schrieb dazu in *Time*: »Beim menschlichen Gehirn ist nichts so unabänderlich festgelegt, daß eine andere Verhaltensweise es nicht enorm ändern könnte.«

Gefühle anderer wahrnehmen

Untersuchungen belegen, daß Frauen ihre Gefühle nicht nur besser äußern, sondern die Gefühle anderer auch besser wahrnehmen können. Frauen schneiden bei Tests, wo sie anhand von Photos die Gefühlslage der abgebildeten Person erkennen sollen, um einiges besser ab als Männer. Auch den emotionalen Gehalt einer verstümmelten Unterhaltung nehmen sie besser wahr als Männer.

Ihre Tränen, seine Tränen

• **Frauen weinen etwa fünfmal mehr als Männer.** »Frauen haben einen höheren Spiegel des Hormons Prolaktin, das auch in Tränen zu finden ist, und ihre Tränendrüsen sind anatomisch anders als bei Männern, wodurch sie eventuell leichter weinen«, sagt der Mediziner William Frey.

• **Möglicherweise unterdrückt ein männliches Hormon die Tränenproduktion.** »Laborversuche an Ratten haben gezeigt, daß die Tränenproduktion verringert wird, wenn die Tiere hohe Dosen an Androgenen bekommen – den Geschlechtshormonen, die Jungen zu Männern werden lassen«, berichtet die Zeitschrift *Woman*.

Zur Vertiefung des Themas

• **Frauen:** Die meisten Männer können mit einem Gefühlsausbruch, der länger als zehn Minuten dauert, nicht umgehen. Also: Stoppuhr einstecken.

• **Männer:** Hören Sie Frauen besser zu, wenn sie über ihre Gefühle reden. Sie fühlen sich Ihnen nahe, wenn sie reden – egal über welches Thema. Und nicht vergessen: Sie sollen freundlich darauf eingehen, nicht gleich wieder etwas in Ordnung bringen wollen.

♀♂

Don't worry, be happy!

Frauen machen sich mehr Sorgen als Männer

Frauen machen sich über alles mehr Sorgen als Männer. Sie sorgen sich um wichtige Dinge – den nuklearen Holocaust und das immer größer werdende Ozonloch – ebenso wie um eher Banales – Falten und Cellulitis. Sie sorgen sich um ihre Kinder und Freunde, ihre Partner und sich selbst. Die Forscher Thomas D. Borkovec und Janet M. Stavosky, die sich mit diesem Thema befassen, definieren Sorge als »eine Reihe von negativen Gedanken, die auf unkontrollierte Weise in das Bewußtsein eindringen«. Ihrer 1987 veröffentlichten Studie zufolge machen sich Frauen zwei- bis dreimal mehr Sorgen als Männer.

Sich Sorgen machen ist eine Art Versuch, Menschen und Situationen unter Kontrolle zu bekommen. Es ist auch eine Möglichkeit, Intimität zu anderen herzustellen; in der Tat macht sich eine Frau um so mehr Sorgen um andere, je mehr sie auf andere bezogen ist. Die Hauptsorgen von Frauen sind: Beziehungen, finanzielle Probleme, Aussehen, anderen angenehm sein (oder die Angst, es nicht zu sein), eine falsche Entscheidung treffen, Gesundheit, Probleme der Kinder, nicht genug Zeit haben, alt werden, Arbeitsleistung, Eltern und Weltprobleme.

Männer versuchen Probleme eher zu lösen, als sich Gedanken darüber zu machen. Sie wollen Action. Männer gehen mit Problemen meistens pragmatischer, nüchterner und weniger emotional um. »Wenn Männer ein Problem haben, das ihnen Kopfzerbrechen macht, reagieren sie darauf entweder so, daß sie es zu lösen versuchen, oder indem sie sich ablenken«, erklärt Harriet B. Braiker, Autorin von *Giftige Beziehungen – Wenn andere uns krank machen.*

Frauen neigen dazu, ewig über Probleme nachzugrübeln. »Frauen fühlen sich gut mit ihrer Emotionalität. Statt sich abzulenken, beschäftigen sie sich sogar noch mehr mit ihren Sorgen«, sagt Stavosky. Manche Frauen nehmen es den Männern übel, daß sie sich nicht so viele Gedanken über Probleme machen wie sie. Sie schließen daraus, daß Männer sich nicht dafür interessieren. (Das kann sein, muß aber nicht.) Auf der anderen Seite haben viele Männer das Gefühl, daß Frauen sich viel zu viele Sorgen machen, was sie für kontraproduktiv halten – »sich Sorgen machen hat noch nie ein Problem gelöst«.

Angst führt zu Sorgen

Seit einem Vortragsabend vor ein paar Jahren denke ich ganz anders über Sorgen. Der Referent, Marshall Summers, bat die Anwesenden, ihm Beispiele für Angst zu nennen. Wir kamen auf ungefähr dreißig: Angst vor dem Fliegen, vor Spinnen, Schlangen, Bären, vor dem Alleinsein, dem Dickwerden, Angst, den Partner zu verlieren, pleite zu sein, und andere mehr. Marshall sah uns an und sagte: »Alle Ängste lassen sich auf eine Angst zurückführen – die Angst vor dem Tod.«

Wie das? *Alle* Ängste? Er gab uns ein Beispiel. »Sie haben Angst vor dem Fliegen, weil Sie glauben, daß das Flugzeug abstürzt und Sie dabei sterben werden.« Das klang logisch. Er machte es uns noch an ein paar anderen Ängsten deutlich. »Sie haben Angst vor dem Alleinsein, weil Sie ohne Freunde, wie eine Pflanze ohne Licht, langsam eingehen und sterben. Sie haben Angst davor, pleite zu sein, weil Sie ohne Geld weder Essen noch Wohnung bezahlen können und sterben werden.« Ich war überzeugt. Vielleicht können Frauen sich ganz davon lösen, sich Sorgen zu machen – oder sich zumindest weniger sorgen –, wenn sie sich mit dieser tiefsten aller Ängste auseinandersetzen.

Für Sie ganz persönlich

Normales Sich-sorgen heißt, daß wir uns gedanklich mit Problemen auseinandersetzen, die wir haben oder voraussehen. Exzessives Grübeln ist eine Verschwendung von Zeit und Energie und kann zu verschiedenen Problemen führen – zu Angstzuständen, schlaflosen Nächten, Appetitlosigkeit, Zwangsgedanken und Konzentrationsverlust. Wenn Sie nur noch Sorgen im Kopf haben, sollten Sie sich fragen:

- Wovor habe ich *Angst*? Was steckt hinter meinen Sorgen?
- Habe ich alles getan, um die Situation zu verbessern? Was könnte ich noch tun?
- Sollte ich Hilfe von Fachleuten in Anspruch nehmen – einen Therapeuten aufsuchen, die Meinung eines zweiten Arztes einholen, einen Anwalt, einen Zimmerer, eine Reinigungsfirma anrufen?

♀♂

Wenn die Leute rot sehen

Männer äußern ihren Ärger, Frauen verdrängen ihn eher

»Ärger ist ein legitimes menschliches Gefühl, das man auf drei verschiedene Arten äußern kann: passiv, bestimmt-dezidiert oder aggressiv«, sagt die Psychologin Pamela Butler. »Aber in unserer Gesellschaft sollen Frauen ihren Ärger oder Zorn am besten überhaupt nicht äußern. Zorn ist für Frauen im Grunde genauso ›tabu‹ wie Trauer für Männer.«

Frauen lernen schon von klein auf, daß Zorn »unweiblich« ist und deshalb unakzeptabel. »Mit Zorn umzugehen, ist für Frauen oft schwierig, weil viele von uns von Kindheit an vermittelt bekommen, daß er sich für Mädchen und Frauen nicht schickt«, sagen die Autoren von *Die selbstsichere Frau*. Außerdem sind Frauen die Beziehungen zu anderen so wichtig, daß sie nichts tun wollen, was diese Bindungen belasten oder zerstören könnte. Von daher ist Zorn für Frauen eine sehr riskante Sache. Statt also geradeheraus zu explodieren, verdrängen sie ihren Zorn eher, was zu Depressionen und Ressentiments oder einem indirekten Dampfablassen führen kann – in spitzen Bemerkungen, Vorwürfen und Schuldzuweisungen. Allerdings ist das keine sehr effektive Taktik, um zu bekommen, was man möchte. »Dem anderen Vorwürfe zu machen«, zum Beispiel, »ist eine spezielle Form von Negativität, die sich destruktiv auswirken kann, weil sie die Motivation beeinträchtigt«, meint Irene Kassorla in ihrem Buch *Tun Sie's doch!*

Männer können ihren Zorn meistens besser direkt äußern, weil sie weniger Angst haben, sich das Wohlwollen anderer zu verscherzen. »Um zornig sein zu können, muß man das Objekt seiner Wut in gewissem Maß depersonalisieren – der betreffende Mensch wird in der Tat ein ›Objekt‹, fügt sich also besser in das (selbstbezogene) männliche Denkschema ein. Zorn und Gewalt erfordern eine abstraktere, unpersönlichere Weltsicht – Menschen werden zu Dingen, die man anbrüllen und anschreien kann«, schreiben die Autoren von *Brain Sex*.

Nur nichts rauslassen

Die Psychologin Mary Kay Biaggio meint, daß Männer auf verbale Angriffe eher wütend reagieren, während Frauen sich eher verletzt fühlen.

Wenn ihre Bedürfnisse nicht befriedigt werden, dann wissen Frauen irgendwo in ihrem Innern, daß sie wütend sind, »aber sie glauben, es nicht zeigen zu dürfen. Bei manchen Frauen manifestiert sich dieser Konflikt in der irrationalen Angst vor dem eigenen Zorn; sie scheinen zu fürchten, daß sich, wenn sie auch nur ein bißchen davon herauslassen, die Schleusen öffnen und sie völlig die Kontrolle verlieren.«

Die körperliche Reaktion

Von Hokanson und Edelman durchgeführte Studien zeigen, daß Männer und Frauen auf Wut und Zorn sogar körperlich unterschiedlich reagieren. Hatten sie die Wahl zwischen einem aggressiven Gegenangriff, einer freundlichen Gegenreaktion und dem Ignorieren des Angreifers, sank bei Männern der Blutdruck nach einem Gegenangriff, während er bei Frauen nur niedriger wurde, wenn sie sozusagen ein Friedensangebot machten. Bei Frauen war das Äußern von Zorn also mit Angst verbunden, Unterwerfung führte zu Erleichterung. Hokanson und Edelman folgerten daraus, daß es sich hier um ein erlerntes Verhalten handelt, denn wenn die Männer für ihren Gegenangriff bestraft wurden, hatten sie nach einigen Malen ebenfalls gelernt, mit Angst zu reagieren, wenn sie ihren Zorn äußerten.

Für Sie ganz persönlich

- Das beste Buch zu diesem Thema ist *Wohin mit meiner Wut* von Harriet Goldhor Lerner. Sie zeigt, wie man Zorn auf konstruktive Weise äußern kann, und merkt an: »Unsere Aufgabe ist, gut auf unseren eigenen Zorn zu hören und ihn für eine positive Veränderung zu nutzen – und uns gleichzeitig alles Wertvolle von unserem weiblichen Erbe zu bewahren.«
- Ein sehr hilfreiches Buch, vor allem in Krisensituationen, ist auch *Mach Deinem Ärger Luft* von Theodore Isaac Rubin. Rubin behandelt das Thema in kurzen, gut zu lesenden Kapiteln von vielen Gesichtspunkten aus.

Die Konkurrenten

♀♂

Applaus, Applaus

Männer sind meist mehr auf Beachtung aus als Frauen

Beide Geschlechter genießen es, wenn sie Beachtung bekommen, für Männer ist es aber ihr Lebenselexier. Da sie den Blick mehr auf sich selbst richten, erwarten sie das auch von anderen. Männer versuchen sowohl auf subtile wie direkte Art Aufmerksamkeit zu bekommen. Sie reden ganz ungeniert über ihre Leistungen, indem sie Geschichten aus dem Büro und vom Sportplatz erzählen. Sie beschreiben ganz plastisch ihre Spielzeuge – Auto, Segelboot, Flugzeug, Stereoanlage, Kamera oder Taucherausrüstung, um nur ein paar zu nennen. Im Gespräch versuchen sie dem anderen immer eine Nasenlänge voraus zu sein: »Ja, aber du hättest sehen sollen, wie weit *ich* den Ball geschossen habe.«

Die durchschnittliche Frau will sich nicht offen in den Vordergrund drängen. Ihr vorrangiges Ziel ist ja Intimität, und sie weiß instinktiv, daß die Intimität mit anderen darunter leidet, wenn sie die Aufmerksamkeit auf sich zieht. »Wir [Frauen] verbergen unsere Stärke und Kompetenz, weil wir Angst haben, von anderen als arrogant und eingebildet angesehen zu werden«, sagt die Psychologin Barbara DeAngelis in ihrem Buch. Viele Frauen bleiben statt dessen lieber am Rand und applaudieren bei den Leistungen anderer, denn das ist eine Form der Beziehungspflege.

Das ändert sich inzwischen natürlich, weil Frauen zunehmend selbstbewußter werden. Michael Korda sagt in seinem Buch über den männlichen Chauvinismus: »Männer haben es sich leicht gemacht, indem sie die Hälfte der Menschheit [die Frauen] zum Publikum gemacht und auf seinen Applaus gewartet haben, der immer schwächer wird, weil sie eine Show abziehen, die schon reichlich angestaubt ist.« Die Frauen begnügen sich nicht mehr mit der Rolle des Zuschauers, der begeistert applaudiert.

Heute möchten viele Frauen selbst im Mittelpunkt stehen. Dazu zählen Frauen in bestimmten Berufsgruppen, Profisportlerinnen, Schauspielerinnen und andere Künstlerinnen. Im allgemeinen legen aber Männer immer noch ein offener um Aufmerksamkeit buhlendes Verhalten an den Tag als Frauen.

Jungen sind nun einmal so

Die Forscher Whiting und Pope haben Kinder in unterschiedlichen Kulturkreisen beobachtet. Sie registrierten »Versuche, die Aufmerksamkeit auf sich zu ziehen, indem sie prahlten oder entweder lobens- oder tadelnswerte Dinge taten mit der Absicht, zum Zentrum der Aufmerksamkeit einer anderen Person zu werden«. Sie entdeckten, daß Jungen häufiger um Beachtung wetteifern als Mädchen und daß sich die Unterschiede zwischen den Geschlechtern stärker in der Altersgruppe von 7–11 Jahren zeigen als bei Kindern von 3–6 Jahren.

Modeaussagen

»Das ist aber ein hübsches Kleid! Wo hast du es gekauft?« Frauen wollen natürlich auch beachtet werden; Mittel zum Zweck ist hier oft das Äußere, die Kleidung. Eine schicke Frisur, ein rückenfreies Kleid oder neue Ohrringe sollen die Blicke anziehen. Frauen fühlen sich gut dabei, wenn ihr Äußeres anerkennend gewürdigt wird, denn das ist ein Bereich, wo Frauen schon immer glänzen durften. Männer hingegen sind im allgemeinen nicht darauf aus, durch ihr Äußeres Aufmerksamkeit zu bekommen, weil für sie mehr zählt, was sie leisten.

Ansatzpunkte

- **Frauen:** Beobachten Sie, wie Männer im Gespräch mit anderen auf sich aufmerksam machen, und achten Sie darauf, wie oft Frauen ihre Leistungen herunterspielen. Wenn Sie auch dazu neigen, Ihr Licht unter den Scheffel zu stellen, sollten Sie daran arbeiten, Ihre Fähigkeiten besser zur Geltung zu bringen.
- **Männer:** Achten Sie darauf, wie Frauen ihre Erfolge herunterspielen und wie die Leistungen von Frauen oft gar nicht gewürdigt werden. Machen Sie den Frauen Mut, sich Anerkennung zu verschaffen. Sie sind da doch Profi!

Zur Vertiefung des Themas

- **Verstecken Sie Ihre Qualitäten nicht:** Lesen Sie *Männer – Was jede Frau wissen sollte* von Barbara DeAngelis. »Frauen glauben, daß sie mehr Liebe von Männern bekommen, wenn sie ihre wahre Größe verbergen und bescheiden auftreten; in Wahrheit aber zerstört dieses Verhaltensmuster alle Leidenschaft in der Beziehung.« DeAngelis empfiehlt allen Frauen, »eine Liste all ihrer Talente, Fähigkeiten, Auszeichnungen, Erfolge und guten Eigenschaften zu machen und diese Liste dann ihrem Partner zu zeigen«.

♀♂

Ist Gewinnen alles?

Männer sind eher konkurrenzorientiert, Frauen mehr auf Kooperation ausgerichtet

»Das Credo von der Konkurrenz wird als stillschweigender, ungeschriebener und meistens unbewußter Vertrag anerkannt, der Männer sofort verbindet oder entzweit«, schreibt Perry Garfinkel. Männer vergleichen ständig ihre Erfolge und Leistungen. Wenn zwei Männer sich zum ersten Mal begegnen, wird sofort die Frage gestellt: »Was machen Sie beruflich?« Männer messen alles, von der Größe des Bankkontos bis zur Größe des Geschlechtsorgans, um sich im ständigen Vergleich mit anderen Männern einzuschätzen.

Da Frauen sich in erster Linie über andere definieren, sind sie weniger auf Sieg als auf Kooperation bedacht, weil Konkurrenz eine Bedrohung der Intimität darstellt. Wenn Frauen miteinander konkurrieren, dann meistens versteckt. Sie rangeln nicht um prestigeträchtige Positionen oder rasseln mit den Säbeln, wie es Männer tun, und geben Konkurrenzgedanken nur ungern zu. Im allgemeinen »ist das Konkurrenzverhalten bei Männern offen und direkt. Bei Frauen spielt es sich eher hinter den Kulissen ab, hinter einem Lächeln, einer Fassade aus Wärme und Freundlichkeit versteckt«, erklärt Lillian Rubin.

Es fängt schon früh an

• Nach Meinung der beiden Forscherinnen Maccoby und Jacklin von der Stanford University »muß die Leistungsmotivation bei Jungen durch konkurrenzbetonte, das Ego fordernde Bedingungen aufrechterhalten oder immer wieder stimuliert werden, während Mädchen ihre Leistungsmotivation die ganze Schulzeit über ohne eine solche Stimulation zu halten scheinen.«

Frauen und Konkurrenz

• **Wurzeln in grauer Vorzeit:** Kalman Glantz und John K. Pearce schreiben: »Es hat für Frauen in der Regel keinen besonderen Reiz, bei einer Auseinandersetzung zu siegen oder einen Feind durch Blicke zum Aufgeben zu zwingen. Woher kommt das? Kämpfe siegreich zu bestehen war in der menschlichen Entwicklungsgeschichte nicht der Weg, wie Frauen ihre Erfolgsaussichten in Sachen Fortpflanzung verbessern konnten. Frauen, die sich Männern gegenüber aggressiv verhielten, waren für sie nicht attraktiv und hatten deshalb nicht so viel Nachwuchs.«

- **Moderne Zeiten:** Chris Evert, Tennisspielerin von Weltklasse, ist eine Ausnahme dieser Regel und beweist, daß Biologie nicht unbedingt Schicksal ist. Sie lernte, mit anderen knallhart zu konkurrieren. »Siegen gab mir das Gefühl, daß ich *jemand* bin. Es war wie eine Droge. Ich brauchte die Siege, den Applaus, um eine Identität zu haben«, sagt Chris Evert. Es ist tatsächlich so, daß immer mehr Frauen Geschmack am ehrgeizigen Wettbewerb finden.

Männer mit erfolgreichen Frauen

Viele Frauen fürchten, daß Erfolg ihre Beziehungen mit Männern belasten könnte. Solche Ängste sind nicht ganz unbegründet, müssen sich aber nicht unbedingt immer bestätigen.

- Der Psychologe Morton Shaevitz meint: »Männer können schwer damit umgehen, wenn ihre Frauen plötzlich finanziell erfolgreicher sind als sie, einen besseren sozialen Status und/oder größere gesellschaftliche Präsenz haben. Die relative Ungleichheit wird hier meist als *sein Versagen* erlebt, weniger als ihr Erfolg. Diese Gefühle werden oft verborgen und unterdrückt, weil sie verwirrend sind.«
- Beth Milwid meint in *Allein unter Männern*: »Frauen, die ihre Männer in ihre Karriere mit einbezogen haben, berichten von ganz unterschiedlichen Reaktionen... [aber] Die große Mehrheit ist stolz darauf, wie ihre Männer damit klarkommen, daß sie erfolgreich sind.«

Für Sie ganz persönlich

Bruce Baldwin warnt sehr ehrgeizige Männer vor einem zwanghaften Konkurrenzverhalten, das »eine Belastung ist für Gesundheit und Glück, die Fähigkeit zu entspannen und das Leben zu genießen«. Er empfiehlt, das Ich aus konkurrenzbetonten Aktivitäten herauszuhalten, indem Sie auf folgendes achten:

1. Konkurrieren Sie mit sich selbst, nicht mit den anderen.
2. Machen Sie sich das Besserwerden zum Ziel, nicht den Sieg.
3. Lernen Sie, Sie selbst zu sein, statt Leistung zu bringen.
4. Lernen Sie, einfach nur zum Vergnügen zu spielen.

♀♂

Beim Geld hört der Spaß auf

Männer sind motivierter zum Geld- und Machterwerb als Frauen

»Männer opfern enorm viel an persönlichem Glück, Gesundheit, Zeit, Freundschaften und Beziehungen bei ihrem Streben nach und der Aufrechterhaltung von Macht, Prestige und Erfolg. Frauen tun das nicht; es ist meistens einfach nicht ihre Art«, sagt Anne Moir in *Brain Sex*. Für Männer sind Macht und Geld Symbole für Männlichkeit, Beweis für Leistung und ein schneller Weg, um Applaus, Respekt, Selbstvertrauen, Freiheit und Frauen zu bekommen.

Frauen sind zwar daran interessiert, Geld zu hahen, sehen es aber weniger als eine Erweiterung ihres Selbst, sondern eher als Tauschmittel. Sie haben Spaß an den Dingen, die sie mit Geld kaufen können – schicke Kleider, schöne Einrichtung, exotisches Essen und hübsche Geschenke. »Frauen gehen mit klareren Zielvorstellungen einkaufen und betrachten Geld als das, was es ist – ein Werkzeug. Sie begreifen Geld als Mittel, um sich Dinge und Sicherheit zu kaufen, während es für Männer meistens eine doppelte Bedeutung hat. Sie wissen, daß es ein Werkzeug ist, aber es ist auch eine Erweiterung ihrer Männlichkeit, ein Maß dafür, wie gut sie im Vergleich zu anderen Männern sind.«

Frauen haben auch ein anderes Verhältnis zur Macht. »Im weiblichen System wird Macht ganz ähnlich wie Liebe gesehen. Sie hat keine Grenzen, und wenn sie mit anderen geteilt wird, erneuert sie sich und wächst. Es besteht keine Notwendigkeit, sie zu horten, weil sie nur wächst, wenn sie weggegeben wird«, sagt Anne Wilson Schaef in *Weibliche Wirklichkeit*. Umgekehrt sehen Männer Macht als begrenzt an; die Frage ist, Macht über wen. Entweder hast du Macht über die anderen, oder der andere hat Macht über dich.

Paare & Geld

Victoria Felton-Collins, Psychologin, Finanzberaterin und Autorin von *Paare und Geld*, sieht in Gelddingen folgende Unterschiede zwischen Männern und Frauen:

- **Ängste:** Frauen haben Angst, plötzlich mittellos dazustehen: »Was ist, wenn ich unter der Brücke schlafen muß?« Männer haben eher konkrete und auf die Arbeit bezogene Ängste: »Was ist, wenn ich auf einmal schwer krank werde? Was ist, wenn ich entlassen werde?«

- **Finanzielles Selbstvertrauen:** »Männer wissen anscheinend alles, selbst wenn es nicht so ist. Frauen zweifeln daran, daß sie alles wissen, selbst wenn es so ist«, sagt Felton-Collins.
- **Finanzberatung:** Männer achten bei der Wahl eines Finanzberaters mehr darauf, was er vorzuweisen hat und leistet; Frauen legen mehr Wert auf Affiliation und Vertrauen.
- **Die Schuldfrage:** Wenn Männer finanziell Punkte machen, »schreiben sie positive Resultate ihren eigenen Fähigkeiten zu (›Ich bin froh, daß ich diese Chance erkannt habe‹); negative lasten sie äußeren Umständen an (›Dieser verdammte Börsenmakler!‹)«, schreibt Felton-Collins. Frauen führen einen finanziellen Erfolg auf Glück oder die guten Tips ihres Finanzberaters zurück, negative Resultate sind ihre »eigene Schuld«.

Faszinierende Erkenntnisse

- **Machtstreben kann krank machen:** John Jemmott III, Psychologe an der Princeton University, hat die Macht- und Affiliationsbedürfnisse (Affiliation = Zusammensein mit anderen) bei 195 Testpersonen untersucht. Er stellte fest, daß Leute mit einem wesentlich stärkeren Macht- als Affiliationsbedürfnis bei großem Streß geschwächte Abwehrkräfte hatten, während die Abwehrfunktionen bei denen, die mehr Wert auf zwischenmenschliche Beziehungen legten, besser waren.
- **Weibliche Werte:** Von 450 Unternehmerinnen, die sich an Umfragen von Avon Products beteiligten, gaben nur 12 Prozent *Gewinn* als wichtigsten Erfolgsindikator an. Höher eingestuft wurden Selbstverwirklichung, berufliche Herausforderung und anderen helfen. »Frauen definieren Erfolg meistens umfassender, nicht nur finanziell gesehen, was erfrischend ist«, sagt Jill Johnson, Sprecherin des Bundesverbandes der Unternehmerinnen für Minnesota.

♀♂

Respekt muß sein

Respektiert werden ist für Männer wichtiger als für Frauen

»Man respektiert mich nicht!« Für viele Männer ist Anerkennung ebenso wichtig wie Macht und Geld. Männer definieren sich stark über ihre Leistungen und möchten, daß sie von anderen bewundert werden – vor allem von anderen Männern. Nach Meinung von Marc Fasteau geht es bei den Beziehungen zu anderen Männern bei den meisten um »Respekt, nicht um Intimität«. Respektiert werden wollen ist eine naturgemäße Folge der Selbstbezogenheit. Das Selbst, das in der Welt handelt, schreit nach Bestätigung von anderen, und eben das ist Anerkennung.

Wie kommt man in einer Männerwelt zu Anerkennung? Durch Leistung natürlich! Abenteuerliche Unternehmungen, sportliche Triumphe, geschickte Verhandlungen, finanzielle Erfolge, Macht über andere, Sachen regeln, geistreich und klug sein: das sind ein paar der Wege, wie Männer sich Respekt verschaffen.

In der Frauenwelt ist die Beziehung zu anderen wichtiger als Anerkennung. Tatsächlich können viele Frauen schon allein mit dieser Vorstellung wenig anfangen. Nicht daß Frauen nicht auch leistungsorientiert wären. Es ist nur, daß sie nicht so nach Anerkennung gieren wie Männer. »Frauen spielen das Spiel: ›Magst du mich?‹, während Männer das Spiel: ›Respektierst du mich?‹ spielen«, schreibt Deborah Tannen in *Du kannst mich einfach nicht verstehen*.

Die Teenie-Szene

• In der Welt der Teenager werden anerkannte Jungen als »cool« angesehen, nicht anerkannte Jungen sind »Dödel« und »Armleuchter«. Anerkennung beruht hier hauptsächlich darauf, wie ein Junge redet, sich benimmt und anzieht. Mädchen im Teenageralter machen sich weniger Gedanken um Anerkennung als Jungen (obwohl Kleidung bei ihnen eine größere Rolle spielt). Enge Freunde zu haben und Geheimnisse mit ihnen zu teilen wird als wichtiger eingestuft.

Gar nicht hochachtungsvoll, Ihr…

Viele Männer haben nur wenig für die Art übrig, wie Frauen sind. Das kommt daher, daß ein Mann seit altersher, wenn er weibliche Eigenschaften aufweist, von anderen Männern weniger respektiert wird. Weibliche Eigenschaften werden in unserem Kulturkreis immer noch als »schwach« angesehen, und heterosexuelle Männer wollen »hart« erscheinen, damit man ihnen nicht womöglich unterstellt, sie seien verweichlicht. Das ist immer noch so, trotz aller Veränderungen in den letzten dreißig Jahren.

- **Hausmänner akzeptabel?** Die Mehrheit der Männer sieht Anerkennung immer noch auf den alten, herkömmlichen Bereich beschränkt. Bei einer kürzlich von *USA Today* durchgeführten Meinungsumfrage sagten 50 Prozent der interviewten Frauen und 60 Prozent der Männer, daß sie einen Mann, der zu Hause bleibt und sich um die Kinder kümmert, während seine Frau arbeitet, nicht respektieren würden.
- **Weibliches Selbstverständnis:** Viele Frauen definieren Anerkennung ihrer Person heute neu und finden, daß die Sichtweise und Wesensart von Frauen ebensoviel Gültigkeit hat wie die der Männer.

Interessantes Zitat

»Männer müssen manche schrecklich gemeine Sachen machen, um ihre Respektabilität zu wahren.« – George Bernard Shaw

Für Sie ganz persönlich

- **Achten Sie bei Männergesprächen auf das Wort »Respekt«.** Es wird ziemlich häufig erwähnt – öfter als man vielleicht denkt. Es taucht in Mafiafilmen auf (wie »Der Pate II« und »GoodFellas«), bei Sportreportagen und geschäftlichen Unterredungen. Auch bei Kriegen geht es oft um Respekt. Erinnern Sie sich an Saddam Hussein? Auch ihm ging es darum.
- **Achten Sie darauf, wie Frauen das Wort »Respekt« verwenden.** Die meisten Frauen sprechen das Bedürfnis nach Anerkennung kaum an. Ab und zu mal hört man eine Frau sich beklagen, daß sie von einem Mann in ihrem Leben oder ihren Kindern nicht respektiert wird. Eine Ausnahme ist der berufliche Bereich. Hier reagieren Frauen empfindlich auf die mangelnde Anerkennung der Männer.

♀♂

Wie steht's, großer Sportler?

Männer sind im allgemeinen viel sportbegeisterter als Frauen

»Wer hat gewonnen?« Sport ist ein Schaufenster der männlichen Werte. Hier können Männer ganz offen miteinander konkurrieren. Die Sieger bekommen Anerkennung und Aufmerksamkeit; die Verlierer schwören Rache. Und hier können Männer mit anderen zusammen sein, ohne sich zu vertraulicher Nähe genötigt zu fühlen.

Sport und Wettkämpfe sind rituelle Ausdrucksformen eines Konflikts. »Selbst wenn sie über Sport reden oder sich ein Spiel anschauen, nehmen [Männer] eine kämpferische Haltung an. Ich habe schon beobachtet, wie Männer einen richtig blutrünstigen Blick bekamen, wenn sie darüber debattierten, ob der Ball jetzt aus gewesen war oder nicht«, schreibt Perry Garfinkel.

Männer reden gern über Regeln, Strategien und brillante Spiele aus vergangenen Tagen. Frauen unterhalten sich nach einem Sportereignis nur wenig bis gar nicht über das Spiel.

Männer definieren sich in vieler Hinsicht durch Sport als Männer. »Der enge Zusammenhang zwischen Männlichkeit und Sport wird ganz besonders deutlich, sobald Frauen mitzumachen versuchen. Wenn Frauen mitmachen können, dann sagt die Teilnahme, per definitionem, absolut nichts über Männlichkeit aus«, schreibt Marc Fasteau. »Eine Frau zu schlagen, beweist nichts; gegen eine Frau zu verlieren, ist eine große Demütigung.«

Allerdings treiben auch immer mehr Frauen Sport. Aber sie gehen es anders an – die meisten Frauen machen Sport hauptsächlich, um fit zu bleiben und Kontakte zu knüpfen. Selbst beim Wettkampfsport sind Frauen zurückhaltender als Männer. Sie werden kaum einmal erleben, daß eine Frau auf dem Spielfeld flucht oder ihren Tennisschläger wütend auf den Boden wirft.

Kinderspiel

• **Das Spiel sagt alles:** Die Forscherin Janet Lever hat 181 Kinder der fünften Klasse beim Spiel beobachtet und die folgenden Unterschiede festgestellt:

• Bei Jungen dauern Spiele länger als bei Mädchen.
• Mädchen machen weniger Wettspiele.
• Jungen debattieren gern über die Regeln; Mädchen sind eher dazu bereit, Ausnahmen zuzulassen.
• Wenn es beim Spielen zu einem Streit kommt, wollen Jungen das Spiel wiederholen; Mädchen wollen dann oft nicht weiterspielen.
• Mädchen mögen vertraute Spielsituationen; Jungen spielen lieber in großen, vom Alter her gemischten Gruppen.
• **Sport ist gut für Mädchen:** Die Forscherinnen Mary Ellen Colton und Susan Gore haben festgestellt, daß sportlich aktive Mädchen ein höheres Selbstwertgefühl haben und weniger depressiv sind als Mädchen, die keinen Sport treiben.

Interessante Zitate

• »Die Spiele, die wir [Männer] im Büro, zu Hause, in der Welt im allgemeinen spielen, sind nur Hilfsmittel, um unser zerbrechliches Ego zu schützen.« – Michael Korda
• »Krieg und Sport sind beides symbolische Ausdrucksformen desselben Bedürfnisses... das Thema des aggressiven Konflikts zwischen verbündeten, organisierten Gruppen von Männern.« – Anthony Stevens
• »Wir scheinen jetzt langsam bereit zu sein für eine größere Ausgewogenheit zwischen den Spielen der Männer und den menschlichen Aspekten, die Frauen einbringen.« – Lynn Darling in der Zeitschrift *Self*.

Fakten & Untersuchungen

Einer aktuellen Umfrage zufolge verbringen Männer im Durchschnitt 6,8 Stunden pro Woche mit Sportfernsehen.
• Forscher der University of Tennessee haben festgestellt, daß Triathleten, die am »Ironman«-Marathon teilnehmen, egozentrischer sind und weniger enge Beziehungen haben als Durchschnittssportler.
• Ungefähr 15 Millionen Amerikaner gehen in Aerobic-Kurse; 95 Prozent davon sind Frauen, berichtet das Magazin *Time*.

Zur Vertiefung des Themas

• Besorgen Sie sich *Der Mensch, mit dem wir leben* von Desmond Morris. Dieses exzellente Buch mit einer Menge Photos erhellt in einem ausgezeichneten Kapitel die Bedeutung sportlicher Aktivität für Männer, die Morris »eine modifizierte Form des Jagdverhaltens« nennt.

Kommunikationsprobleme

♀♂

Das Thema ist wichtig

Männer reden mehr über Dinge, Frauen meistens über Menschen

»Mädchen sind ›personenbezogen‹, und Jungen sind ›sachbezogen‹«, sagt der Soziobiologe Leonard Benson. Bei den Erwachsenen ist es nicht anders. Männer reden vor allem über Arbeit, Sport und Politik. Über Autos, Geräte aller Art, Stereoanlagen und Werkzeug – wie sie gemacht sind, wie sie funktionieren, wie man sie repariert, was man mit ihnen alles machen kann. Sie tauschen mit Begeisterung Fakten und Meinungen aus. Frauen reden hauptsächlich über *Leute* – Leute und ihre Probleme, ihre Reaktionen und Kommentare. Wenn Frauen über Dinge reden, dann haben diese normalerweise auch mit Menschen zu tun: Diäten, Wohnungseinrichtung, Mode, Reisen, Kochen, Hobbys und Gesundheit. Der Beruf wird zwar auch mehr und mehr zum Gesprächsthema bei Frauen, aber auch dann unterhält man sich vor allem über Menschen – wie die Zusammenarbeit mit den Kollegen läuft, wer von wem beleidigt worden ist, wie man ein angenehmes Arbeitsklima schafft.

Viele Männer irritieren die sehr persönlichen Themen von Frauen: »Wie könnte ich ihr nur beibringen, daß mich die peinlichen Einzelheiten von der zweiten Scheidung ihrer Freundin nicht interessieren?« Und viele Frauen finden Männerthemen einfach langweilig: »Was interessiert es mich, wie man eine X-331-Bruchsteinmauer hochzieht, und ob die ⅝-Zoll-Schrauben besser sind als andere.«

Die Sprache der Frauen

Nach Ansicht der Linguistin Robin Lakoff unterscheidet sich die Sprache der Frauen erheblich von der männlichen Ausdrucksweise:

- Frauen stellen öfter Fragen, um ein Gespräch in Gang zu halten; Männer verstehen Fragen eher als konkrete Bitte um Informationen.
- Frauen verwenden mehr bekräftigende Adjektive wie »großartig«, »wunderbar« und »unglaublich«, mehr Diminutive wie »Tröpfchen« und mehr Euphemismen wie: »Es ist mir gar nicht recht, daß...« statt zu sagen: »Es ärgert mich furchtbar, daß...«
- Frauen benützen weniger Umgangssprache als Männer.

• Frauen gehen beim Gespräch mehr auf andere ein als Männer; die wollen sich auch hier eher durchsetzen.

Interessante Kommentare

• »Die Artikel (in Frauenzeitschriften) haben in fast allen Bereichen, von Sex bis Geld bis Ernährung, irgendwie immer einen psychologischen Bezug... Bei Zeitschriften für Männer geht es vor allem um Leistung – sexuell, beruflich und sportlich.« – Joyce Brothers, Psychologin

• Zahlen kommen bei Männergesprächen häufig vor. »Männer – sogar solche, die bei einem Mathe-Eignungstest für die Uni schlechter abschneiden als ruandische Silberrücken-Gorillas – schätzen die Sicherheit, die Zahlen vermitteln.« – Colin McEnroe in der Zeitschrift *Mirabella*.

So klappt's besser

• Männer: Bemühen Sie sich, mehr über *Leute* zu reden, wenn Sie mit Frauen zusammen sind. Persönliche Themen mögen Ihnen vielleicht als Zeitverschwendung erscheinen, aber Frauen haben unheimlich viel Spaß daran. Besprechen Sie Sachliches mit Ihren männlichen Freunden. Sagen Sie zu Ihrer Partnerin: »Liebling, ich treffe mich jetzt mit den Kumpels, um ein paar Sachen zu bereden.«

• Frauen: Sprechen Sie mehr über *Dinge*, wenn Sie mit Männern zusammen sind. Sie finden Fakten vielleicht nicht so interessant wie Menschen, aber Sie können lernen, Geschmack daran zu finden. Bereden Sie Menschliches lieber mit Ihren Freundinnen.

Zur Vertiefung des Themas

• *Du kannst mich einfach nicht verstehen* von Deborah Tannen ist ein ausgezeichnetes Buch über die geschlechtsspezifischen Unterschiede in der Kommunikation. »Dieses Buch könnte endlich die Kommunikationsprobleme zwischen den Geschlechtern klären, ähnlich wie der Stein von Rosette zur Entschlüsselung der Hieroglyphen verhalf«, schreibt die Kolumnistin Ruthe Stein im *San Francisco Chronicle*.

♀♂

Plaudertasche & Co.

Frauen reden im privaten Kreis mehr, Männer dominieren bei Gesprächen in der Öffentlichkeit

»Warum kann er nicht gesprächiger sein, wenn wir allein sind?« fragt sie. Er hingegen möchte von der Frau in seinem Leben verstanden werden, ohne groß reden zu müssen. »In der Öffentlichkeit sprechen Männer ganz frei; im Privatleben befällt sie eine seltsame Stummheit«, sagt der Autor Perry Garfinkel.

Männer reden privat weniger als Frauen, weil sie lieber über Dinge sprechen, nicht über Gefühle, und die häusliche Intimität eher die weibliche Art der Kommunikation fördert. Folglich ziehen sich Männer zurück, wenn ihnen ein Gespräch zu lang und emotional wird. Der Autor Joe Tanenbaum meint dazu: »Während Frauen manchmal reden, um zu reden, reden Männer fast immer, um etwas zu lösen... Männer werden mit der Zeit immer weniger mitteilsam als am Anfang der Beziehung.« Dieser Unterschied macht sich bei Eheproblemen besonders bemerkbar. Viele Frauen finden: »Die Ehe funktioniert, solange wir darüber reden können«, während Männer eher denken: »Die Beziehung funktioniert nicht, wenn wir darüber reden müssen«, sagt Aaron T. Beck in *Liebe ist nie genug*.

In der Öffentlichkeit ist die Situation umgekehrt. Männer dominieren meistens bei Besprechungen oder im Seminarraum; sie drücken sich nicht so vorsichtig aus wie Frauen, und Frauen zögern oft, den Mund aufzumachen, wenn Männer anwesend sind. Außerdem stehen Männer lieber im Mittelpunkt als Frauen.

»Sendezeit« beanspruchen

Eine Studie nach der anderen bestätigt, daß Männer bei Besprechungen, gemischten Gruppendiskussionen und in Schule oder Universität mehr reden. Zwei Beispiele:

• Catherine Krupnick, Erziehungswissenschaftlerin, die in Harvard im Bereich Pädagogik forscht, untersuchte die Klassenzimmerdynamik am Wheaton College. Ihre Erkenntnisse:

• Jungen haben eine kürzere Reaktionszeit – sie melden sich schneller als Mädchen.

• Die Redebeiträge von Jungen sind meistens länger.
• Jungen lassen sich durch andere Meinungen weniger beirren.
• Jungen nahmen ⅓ bis ½ der Redezeit in Anspruch, obwohl sie nur $2/9$ der Klasse ausmachten.

Krupnick stellt abschließend fest, daß Mädchen dazu ermuntert werden sollten, sich entsprechend ihrer zahlenmäßigen Stärke im Unterricht zu äußern, und die Jungen mehr darauf achten sollten, den Mädchen auch eine Chance zum Reden zu geben.

• Die Kommunikationswissenschaftler Barbara und Gene Eakin untersuchten Fachschaftsversammlungen an der Universität. Sie stellten fest, daß Männer öfter und länger redeten – 10,66 Sekunden bis 17,07 Sekunden gegenüber 3 bis 10 Sekunden bei Frauen. Der längste Redebeitrag einer Frau war kürzer als der kürzeste eines Mannes!

Paargespräche

Wenn zwei Paare beieinander sind, beherrschen oft die Männer das Gespräch, die Frauen lehnen sich zurück und hören zu. (Natürlich beteiligen sich manche Frauen mehr am Gespräch als andere.) Männer dominieren, weil sie aggressiver sind und ihre Themen für wichtiger halten, während die Sozialisierung bei Frauen dahin geht, »nett zu sein« und Männer über ihre Sachen reden zu lassen.

So klappt's besser

• **Frauen:** Empfangen Sie Ihren Partner gleich mit einem Redeschwall, wenn er nach einem hektischen Arbeitstag nach Hause kommt? Psychologen warnen davor, Männer in diesem Moment verbal zu verschlingen.

• **Männer:** Zeigen Sie im privaten Bereich mehr Geduld für das weibliche Bedürfnis, um des Redens willen zu reden – um Gefühle auszutauschen und sich dem anderen nahe zu fühlen. Es muß ja nicht immer um vernünftige Argumente gehen. Wenn Sie bei Gesprächen in der Öffentlichkeit zu Dominanz neigen, sollten Sie versuchen, sich ein bißchen zurückzuhalten.

♀♂

Was steckt dahinter?

Männer nehmen Aussagen wörtlich, Frauen suchen nach einer versteckten Bedeutung

Männer akzeptieren die Dinge meistens unbesehen so, wie sie ihnen erscheinen, »stufen sie entweder als schwarz oder weiß ein«, meint Perry Garfinkel. Sie nehmen Äußerungen wörtlicher als Frauen und sind sachlicher. Männer »sagen's, wie es ist« – es sei denn, sie wollen jemand reinlegen – und wünschen sich oft, Frauen wären genauso. »Warum kann sie nicht beim Thema bleiben?« fragen sie sich, wenn Frauen aus ihrer Sicht vom Hundertsten ins Tausendste kommen.

Frauen dagegen ergründen gerne, warum wer was tut. Sie möchten die Mechanismen des menschlichen Verhaltens herausfinden, so wie Männer die genaue Funktion eines Außenbordmotors, den Verlauf eines Fußballspiels oder einer geschäftlichen Transaktion wissen wollen: »Warum läßt sich Sue immer wieder mit Männern ein, die sie schlecht behandeln?« »Was war der wahre Grund, daß Fred Alison verlassen hat?«

Es macht Männer oft wahnsinnig, daß Frauen dauernd mit den Beweggründen menschlicher Verhaltensweisen daherkommen. Aus ihrer Sicht sind Gründe für etwas keine Realität und ändern nichts am Resultat. Warum sie also durchkauen? »Frauen sind in der Regel interessierter, Sachen ausführlich zu bereden. Sie haben einen Drang, bei zwischenmenschlichen Problemen jeden einzelnen Aspekt zu diskutieren, was Männer oft scheuen, manchmal zu Recht«, meint Karl Menninger in *Liebe und Haß* (er spricht ihnen wohl aus der Seele).

Bestätigende Aussagen

• »Frauen denken zuviel über Männer nach... Sie müssen immer darüber reden, wie die *Beziehung* ist. Meistens analysieren sie Männer bis zum geht nicht mehr.« – Pete Hamill, Schriftsteller

• »Was [Männer] erwähnenswert finden, sind Fakten zu Themen wie Sport, Politik, Geschichte, oder wie irgendwelche Dinge funktionieren. Frauen nehmen ein solches Berichten von Fakten oft als Belehrung wahr, was [für sie] nicht nur keine enge Beziehung signalisiert, sondern statt dessen Herablassung: Ich bin der Lehrer, du bist die Schülerin. Ich weiß Bescheid, du hast keine Ahnung.« – Deborah Tannen, *Das hab' ich nicht gesagt!*

Für Sie ganz persönlich

• **Frauen:** Versuchen Sie, Männer öfter wörtlich zu nehmen. Suchen Sie nicht nach einem Hintersinn (es sei denn, Sie haben den Verdacht, daß er eine Affäre hat): Was er sagt, ist meistens das, was er meint.

• **Männer:** Seien Sie geduldiger gegenüber dem weiblichen Bedürfnis, zu analysieren, was andere sagen und tun. Frauen fühlen sich Ihnen näher, wenn sie solche Entdeckungen mit Ihnen teilen. Machen Sie die Art, wie Frauen reden, nicht herunter; die Unterschiede zwischen uns schätzen zu lernen, darum geht es.

Ein Blick auf die Geschichte

• In einer Untersuchung von Kalman Glantz und John K. Pearce wird das Verhalten von Männern und Frauen von der Evolution her beleuchtet. Um das menschliche Verhalten wirklich zu verstehen, muß man zu der Zeit zurückgehen, als wir Jäger und Sammler waren, und unsere Anlagen begreifen, indem wir uns mit den in Archäologie, Anthropologie und Biologie gewonnenen Daten beschäftigen. Die Autoren sagen: »Wenn Männer und Frauen verstehen, wie sie sich unterscheiden, haben sie eine bessere Vorstellung davon, was sie voneinander erwarten können. Wir dürfen uns nicht länger auf Zufall und tradiertes Wissen verlassen, um zu diesem Verständnis zu gelangen.«

• Mit *Megabrain* von Michael Hutchison können Sie eine Reise durch die Geschichte der Geschlechter machen. Er schreibt: »Das menschliche System nähert sich offenbar einem Punkt, wo sich der Weg gabelt, wo es entweder demnächst im Chaos zusammenbricht oder sich auf einem höheren Niveau der Komplexität, des Zusammenhangs und der Ordnung neu integriert.«

♀♂

Die Goldwaage ist out!

Frauen drücken sich eher vorsichtig aus, Männer sind meist direkter

Männer werfen Frauen oft vor, daß sie in ihren Äußerungen nicht offen und direkt, sondern irgendwie hintenherum und manipulativ seien. Da Männer in unserer Gesellschaft stets dominiert und einen Großteil der Macht und des Geldes in Händen gehabt haben, mußten Frauen die Sprache historisch gesehen vorsichtig einsetzen, um zu bekommen, was sie wollten. Auf der anderen Seite »ist die Sprache der Männer die Sprache der Mächtigen. Sie soll direkt, deutlich und knapp sein, wie man es von Menschen erwartet, die nicht fürchten müssen, jemanden zu beleidigen«, schreibt Robin Lakoff.

Aus weiblicher Sicht sind Männer oft nicht achtsam genug; Frauen empfinden sie manchmal wie den sprichwörtlichen Elefanten im Porzellanladen, wenn sie ihre ganze Umgebung verbal niedermachen: »Das ist doch das Dümmste, was ich je gehört habe.« »Niemand, der noch halbwegs bei Verstand ist, würde so etwas tun.« Frauen sträuben sich bei einem solchen direkten Konfrontationsstil die Haare, denn sie ziehen eine Ausdruckweise vor, die weniger offensiv, die verbindlicher ist.

Wenn Männer sich nicht klar ausdrücken, dann geht es gewöhnlich um Privates. Die Linguistin Deborah Tannen erläutert: »Wenn über Wünsche und Entscheidungen verhandelt werden muß, sind Frauen meistens weniger direkt als Männer. Geht es aber um persönliche Beziehungen und Gefühle, drücken sich Männer weniger deutlich aus.«

Zuviel des Guten

Weibliche Sprachdiplomatie kann hilfreich sein. Übertreibt man aber damit, kann sie unterwürfig wirken und destruktiv werden. Hier ein paar Beispiele für die übervorsichtige Art von Frauen, sich auszudrücken:

- **Der Trick mit der Höflichkeit:** »Sind Sie sicher, daß es für Sie okay ist, wenn…?« statt die eigenen Wünsche geradeheraus zu äußern.
- **Versteckte Kritik:** Andere kritisieren, indem man Vorschläge macht wie: »Es wäre toll, wenn Sie jeden Tag fünf Verkaufsgespräche mehr führen könnten«, statt jemand direkt auf seine Arbeitsleistung anzusprechen.

• **Fragen, Fragen:** Jeden Gedanken mit einer *Frage* einleiten – »Was würdest du davon halten, wenn wir...?«, statt sich hinzustellen und direkt die Meinung zu sagen.

Mehr Selbstbewußtsein, bitte!

Linda Carli, Assistenz-Professorin für Psychologie am Holy-Cross-College in Worcester, MA, hat die Ausdrucksweise von 238 Männern und Frauen untersucht. Sie stellte fest, daß die Sprache von Frauen vorsichtiger, zurückhaltender und weniger überzeugend ist als bei Männern, weil sie sehr häufig folgendes machen:

• **Halb dementieren:** Also eine Aussage durch einen einleitenden Satz abschwächen: »Ich bin mir nicht ganz sicher, aber...«

• **Ausweichen:** Einen Gedanken durch das Einschieben von Worten wie »vielleicht« und »irgendwie« abschwächen. Zum Beispiel: »Es sieht *irgendwie* nach Schnee aus.«

• **Bestätigung suchen:** Am Ende einer Aussage einen relativierenden Halbsatz anhängen: »Man sollte doch zweimal im Jahr zum Zahnarzt gehen, *meinst du nicht*?«

Carli stellte fest, daß die Frauen in ihrer Studie weniger kompetent und sachkundig wirkten, als sie wirklich waren – und daß Männer diese Ausdrucksweise von Frauen durchaus recht war! Männer wollen nicht, daß Frauen zu selbstbewußt oder energisch auftreten, weil selbstbewußtes Reden und Verhalten den Männernormen für weibliches Verhalten widerspricht.

»Menschen mit einem niedrigen Status (in diesem Fall Frauen) müssen erst beweisen, daß sie nicht um ein höheres Prestige konkurrieren wollen, bevor ihre Gedanken von Personen mit höherem Status berücksichtigt werden«, bemerkt Carli. Eine eher zaghafte Ausdrucksweise ist also für Männer weniger bedrohlich.

Die Schriftstellerin Francine Prose las Carlis Studie und kam zu dem Schluß: »Warum machen wir nicht den Mund auf, sagen offen, was wir denken und hoffen einfach auf das Beste? Langfristig trägt es vielleicht dazu bei, daß Männer sich daran gewöhnen, wie (selbstbewußte) Frauen sich anhören.«

♀♂

Bin ganz Ohr!

Frauen sind meist bessere Zuhörer als Männer

»Aha.« »Ja.« »Hm.« »Wow.« »Echt?« Da Frauen auf andere bezogen sind, hören sie anderen im allgemeinen besser zu als Männer. Studien belegen, daß Frauen beim Zuhören mehr solche kurzen Kommentare abgeben als Männer und das, was andere sagen, auch häufiger durch Nicken oder Lächeln bestätigen. Männer sind beim Zuhören in der Mimik oder verbal nicht so ausdrucksstark und kontrollieren Unterhaltungen oft durch langes Schweigen und irgendwelche Brummer, die das Gespräch wieder auf sie oder ihre Interessen lenken sollen.

Die Linguistin Deborah Tannen hat festgestellt, daß Frauen im allgemeinen zuhören, wenn Männer ihnen etwas vortragen. Sind aber Männer in der Position des Zuhörers, fordern sie den Sprecher oft heraus, indem sie das Thema wechseln und mit eigenen Informationen kommen. Mit anderen Worten: *Männer kämpfen darum, das Gespräch zu beherrschen.* Sie möchten nicht lange der Zuhörer sein, weil für sie der Sprecher dem Zuhörer eine Nasenlänge voraus ist. Tannen erläutert: »Da Frauen eine enge Beziehung aufbauen wollen, neigen sie dazu, ihr Können herunterzuspielen, statt es zu demonstrieren. Da es Männern wichtig ist, im Mittelpunkt zu stehen und das Gefühl zu haben, mehr zu wissen, suchen sie nach Gelegenheiten, sachliche Informationen zu sammeln und zu verbreiten.«

Wenn Frauen miteinander reden, sind Zuhören und Reden gleichwertig, weil Frauen sich einander nah fühlen wollen. Frauen sind sehr an der Geschichte anderer interessiert und bestätigen sich gegenseitig, indem sie Beispiele für ähnliche Erfahrungen liefern: »Ich weiß, wie du dich fühlst; ich war auch mal mit so einem Typ zusammen...« Frauen stellen die Informationen anderer selten in Frage, weil genaue Zahlen und Fakten bei ihren Gesprächen keine zentrale Rolle spielen.

Zuhören ist eine Kunst, und es gibt in dieser Gesellschaft bei beiden Geschlechtern sehr wenig Menschen, die wirklich gut zuhören können: »Oft unterbrechen wir den anderen, bevor er ausgeredet hat. Und oft blenden wir ihn schon lange aus, bevor wir ihn unterbrechen, weil wir damit beschäftigt sind, unsere Antwort vorzubereiten«, merkt Gerald Jampolsky in *Die Kunst zu vergeben* an.

Die Unterbrecher

Zwei Studien belegen, daß Männer häufiger unterbrechen als Frauen, vor allem wenn eine Frau spricht, und daß dieses Verhalten auf sozialer Konditionierung beruht.

• **Beobachtung von Kindern:** Die Soziolinguistin Julia L. Evans von der University of Michigan hat 10 vierjährige und 20 achtjährige Kinder mit der Videokamera gefilmt, als sie sich mit weiblichen und männlichen Interviewern unterhielten. Bei den Vierjährigen war die Unterbrechungsrate gleich. Sprachen die Achtjährigen mit männlichen Interviewern, unterbrachen die Jungen ebenso oft wie die Mädchen. Unterhielten sie sich aber mit weiblichen Interviewern, unterbrachen die Jungen um 20 Prozent häufiger als alle Mädchen. »Ich vermute, die Jungen hätten sogar noch öfter unterbrochen, wenn sie mit einem gleichaltrigen Mädchen gesprochen hätten«, sagt Evans.

• **Analyse von Erwachsenen:** Bei einer Studie der Soziologen Candace West und Don Zimmerman vom University College of Los Angeles unterbrachen Männer beim Gespräch mit Frauen, die sie eben kennengelernt hatten, im Verlauf der Unterhaltung zu 75 Prozent. Bei Frauen, die sie schon länger kannten, funkten sie zu 96 Prozent dazwischen. Die Männer unterbrachen ihre Gesprächspartnerin nicht nur, sondern lenkten die Unterhaltung auch auf von ihnen bevorzugte Themen.

So klappt's besser

• **Frauen:** Haben Sie in der Öffentlichkeit keine Angst davor, Männer herauszufordern, die Ihnen Vorträge halten. Tun Sie etwas für Ihre rhetorischen Fähigkeiten.

• **Männer:** Ermutigen Sie Frauen, in der Öffentlichkeit den Mund aufzumachen. Und bemühen Sie sich, zu Hause ein besserer Zuhörer zu sein. Gebrumme und beharrliches Schweigen bringt's nicht bei Frauen.

• Aaron T. Beck, Autor von *Liebe ist nie genug*, meint dazu: »Wenn man redet und kein Feedback bekommt, ist es, als würde man gegen eine Wand reden. Sollten Sie ein schweigsamer Typ sein, dann wäre es gut, wenn Sie sich zumindest angewöhnen könnten, Ihrem Partner ein nonverbales Feedback zu geben, damit er sich nicht dauernd fragen muß, ob Sie auch wirklich zuhören.«

♀♂

Soll ich, oder soll ich nicht?

Männer sind im allgemeinen entschlußfreudiger als Frauen

»Wer zögert, der ist verloren«, lautet die [männliche] Maxime. Krieger treffen auf dem Schlachtfeld schnelle Entscheidungen, Geschäftsleute ebenso im Besprechungszimmer. Die Autoren von *Brain Sex* meinen dazu: »Das männliche Management-Ethos verlangt klare und deutliche Entscheidungen – und gibt damit die lineare Struktur der gedanklichen Abläufe [von Männern] wieder.«

Frauen lassen sich mit Entscheidungen länger Zeit, weil sie die menschlichen Aspekte stärker berücksichtigen. Ob im Beruf oder privat, sie überlegen sich auch immer, welche Auswirkungen die jeweilige Entscheidung nicht nur auf sie selbst hat, sondern auch auf die Menschen in ihrem Umfeld. Frauen gehen gerne alle Möglichkeiten durch und versuchen, ihre Gefühle mit einzubeziehen. Sie fragen häufig nach, um auch alle Details zu erfahren: »Ich war in fünf Geschäften, bis ich das richtige Geschenk für Ginger fand!« Frauen laufen gerne durch die Geschäfte auf der Suche nach Alternativen, Männern dagegen widerstrebt es im allgemeinen, selbst wenn es um Lösungen geht.

Frauen ziehen auch andere häufiger zu Rate. »Da Frauen sich mehr an Beziehungen orientieren, beziehen sie andere stärker in den Prozeß der Entscheidungsfindung ein«, erklärt der Autor John Gray. Männer entscheiden eher allein. »Ein Mann trifft zuerst ganz allein eine Entscheidung in seiner ›Höhle‹ und schaut dann, was andere davon halten. Wird seine Entscheidung nicht akzeptiert, muß sie noch einmal neu überdacht werden.«

Hätte ich es doch anders machen sollen?

Frauen grübeln mehr als Männer darüber nach, ob eine Entscheidung auch richtig war. Sie fürchten oft, daß sie damit andere verletzt haben könnten oder ihre Entscheidung mißbilligt wird. »Wir haben Angst, durch eine falsche Entscheidung etwas zu verlieren – Geld, Freunde, Partner, Prestige – oder was auch immer uns die Entscheidung bringen sollte«, schreibt die Autorin Susan Jeffers. Das hat zur Folge, daß Frauen Kritik an ihren Entscheidungen nur schwer annehmen können.

Im Gegensatz dazu sind Männer offen für ein Feedback, wenn sie eine Entscheidung getroffen haben. Es macht ihnen nichts aus, wenn sie in Frage gestellt werden. Frauen haben oft den Eindruck, die Entscheidungen von Männern seien unumstößlich, weil sie in einer so präzisen, nachdrücklichen und selbstbestimmten Art gefällt werden. (Und manchmal sind sie das auch!)

Teamarbeit

»Wir sind immer ein Team, bei allem, was wir tun. Ich glaube nicht, daß einer von uns auf die Idee käme, ohne den anderen eine Entscheidung zu treffen«, sagt die frühere First Lady Nancy Reagan. Eine solch glückliche Eintracht wie bei Ronnie und Nancy gibt es nicht bei allen Paaren. Viele Frauen beschweren sich, daß ihre Ehemänner alle wichtigen Entscheidungen alleine treffen und ihnen den Kleinkram überlassen. Solche Männer wollen die Kontrolle haben und suchen sich meistens passive Partnerinnen. Natürlich werden in vielen Ehen wichtige Entscheidungen gemeinsam getroffen, vor allem wenn die Frau berufstätig ist. Wirtschaftliche Macht ist ein entscheidender Faktor bei der Entscheidungsfindung in der modernen Ehe.

So treffen Sie stimmige Entscheidungen

- Betrachten Sie die Entscheidungsfindung als Chance, etwas zu lernen.
- Die richtigen Fragen zu stellen, ist meistens wichtiger, als die richtigen Antworten parat zu haben.
- Informieren Sie sich über die Fakten, hören Sie aber auch auf Ihre Gefühle.
- Seien Sie sich klar über Ihre Prioritäten. Treffen Sie in wichtigen Dingen eine gute Entscheidung, und machen Sie sich über weniger wichtige nicht so viele Gedanken.
- Lassen Sie sich helfen, wenn es notwendig ist, aber erkennen Sie auch, wann Sie keine Ratschläge annehmen sollten.
- Zerbrechen Sie sich nicht den Kopf über mögliche Alternativen, wenn Sie eine Entscheidung getroffen haben. Sollte sie sich als falsch herausstellen, machen Sie sie wieder rückgängig, sofern das geht. Jeder Mensch macht Fehler.

Buchtip

- *Selbstvertrauen gewinnen. Die Angst vor der Angst verlieren* von Susan Jeffers.

♀♂

Hast du schon gehört...?

Klatsch hat für Männer und Frauen unterschiedliche Bedeutung

»Männer und Frauen reden in unterschiedlicher Weise über andere. Für Männer ist Klatschen ein Spiel. Das Ziel: Punkte machen oder einfach Spaß daran haben. Für Frauen ist Klatschen wie ein moralisches Lehrstück, in dem tugendhafte Schauspieler die Dinge wieder zurechtrükken können«, schreibt Marilyn Elias in *USA Today*. Klatschen gibt Frauen auch die Möglichkeit, sich näher zu kommen und am Leben anderer teilzuhaben. Es ist eine Art Sicherheitsventil für Ressentiments und Sorgen und ein Weg, um an Informationen zu kommen.

Worüber reden Frauen am meisten? Über Männer! »Ein auffallender Unterschied bei Männer- und Frauenklatsch ist, daß Männer sehr wenig über ihre Frauen sagen, wohingegen die Ehemänner häufig das Gesprächsthema unter Frauen sind«, sagt der Psychologe Michael E. Mc-Gill. Über Männer reden ist ein uraltes weibliches Ritual, und die Frauen tun es, ob es den Männern gefällt oder nicht.

Wenn Männer klatschen, dann geht es meistens nicht um das Privatleben von anderen. Männer reden selten über Krankheiten anderer Leute, ihre Ehe, über Scheidungen oder Kinder. Bei ihnen geht es um die beruflichen Beziehungen. Sie spitzen die Ohren bei Gerüchten über Beförderungen, Versetzungen, Arbeitsleistungen und was der Boss von diesem oder jenem hält. Wer Insiderinformationen hat, steht immer gut da.

Männer sind stolz auf die Diskretion, die sie – in ihren Augen – an den Tag legen. »Während Frauen sich mit Sicherheit verletzt fühlen, wenn intimste Dinge weitererzählt werden, fühlen sich Männer schon verletzt, wenn *irgend etwas* über sie verraten wird, ob es nun der zweite Vorname oder ihr bevorzugtes Salatdressing ist«, schreibt Jean Gonick in der Zeitschrift *Glamour*.

Die Gerüchteküche

Donald Sharpsteen, Psychologe an der University of Denver, hat das Klatschverhalten von 350 Männern und Frauen untersucht. Hier ein paar interessante Feststellungen:

• Männer nehmen Klatsch nicht so ernst wie Frauen.
• Wenn Frauen den Eindruck hatten, Klatsch sei nicht angebracht, hörten sie damit auf; Männer nicht.
• Rachegelüste sind eines der Hauptmotive für Klatsch bei Frauen. Statt Verärgerung und Wut direkt zu äußern, klatschen Frauen über die Leute, auf die sie wütend sind.
• Männer, die wenig zu sagen haben, entlasten sich oft, indem sie »über andere herziehen«, um Aufmerksamkeit zu bekommen.

Schnelle Freunde

Klatschen erfüllt bei Frauen auch die wichtige Funktion, einander näherzukommen. Eine Freundin erzählte mir letztens die folgende Geschichte: »Gestern abend kam eine Frau zu mir, die Kosmetikprodukte verkauft. Sie hatte vorher schon einmal angerufen. Als sie ging, war ich bestens informiert über ihre zwei Scheidungen, den jetzigen Ehemann, kleinere Operationen, die Alkoholiker in ihrer Familie, ihr legasthenisches Kind und ihre Urlaubspläne. Wir hatten uns eine Stunde lang über alles mögliche unterhalten und hinterher das Gefühl, als wären wir die besten Freundinnen.«

Alltagsgeplauder

Untersuchungen belegen, daß Frauen bezeichnenderweise dreimal mehr private Telefongespräche führen als Männer, und daß ein Telefonat durchschnittlich 20 Minuten dauert. Frauen brauchen auch keinen besonderen Grund außer der Kontaktpflege, um anzurufen. Männer hingegen rufen nur jemand an, wenn sie Informationen weitergeben wollen; ihre Telefongespräche dauern im Durchschnitt nur sechs Minuten.

Bissige Kommentare

• »Ich respektiere andere Frauen nicht besonders; Männer sind mir viel lieber. Männer klatschen nicht oder werden gehässig.« – Tracy Ullman, Schauspielerin
• »Das Männer nicht klatschen, hat nur einen einzigen Grund, nämlich daß sie sich selten lange oder tiefgründige Gedanken über andere Leute machen. Ihre wichtigsten Gesprächsthemen sind Geld, Politik und Sport.« – Quentin Crisp in *Lear's*
• »Die wenigsten werden zugeben, daß sie klatschen, geschweige denn es verteidigen. Es wird als häßlich und oberflächlich angesehen, als Aerobic für Köpfe, die sonst nichts zu tun haben.« – Aimee Lee Ball in *Mademoiselle*

♀♂

Gute Ratschläge oder Anteilnahme?

Männer geben bei privaten Problemen eher gute Ratschläge, Frauen zeigen Mitgefühl

Es ist schon viel darüber geschrieben worden, wie frustrierend das Verhalten von Männern für Frauen oft ist, wenn zwischenmenschliche Probleme auftauchen. Wenn Frauen mit einem emotionalen Problem zu ihrem Partner kommen, dann wollen es Männer, so sagen Psychotherapeuten, sofort mit einem konkreten Vorschlag lösen: Einsam? Such dir neue Freunde. Arbeitsfrust? Mach den Mund auf, oder such dir einen neuen Job. Gelangweilt? Such dir ein nettes Hobby. Die männliche Lösung ist im allgemeinen, aktiv zu werden, also kommen sie mit einem entsprechenden Ratschlag, wenn ein anderer sie mit persönlichen Schwierigkeiten konfrontiert.

Wo liegt dann das Problem? Frauen wollen oft *Mitgefühl*, keine Antworten. Aaron T. Beck sagt in *Liebe ist nie genug*: »Männer meinen meistens, daß Frauen, die Probleme mit ihnen besprechen, Lösungsvorschläge haben wollen, statt einen mitfühlenden Zuhörer.« Frauen wollen oft einfach nur, daß man ihnen zuhört und/oder sie im Arm hält und ihnen sagt, daß man sie liebt. Oder sie wollen das Problem ausdiskutieren, alle Details einer Situation bereden, bevor sie zu einem Schluß kommen.

Mitgefühl hat in der Welt der Frauen einen hohen Stellenwert. Frauen zeigen gerne Mitgefühl und nehmen es ebenso gerne an. Die meisten Männer dagegen halten sich eher bedeckt, weil sie einen gewissen Abstand zu den Problemen anderer wahren wollen, um nicht das Gefühl zu haben, daß sie aufgefressen werden. Deshalb wechseln Männer oft das Thema, wenn Frauen private Probleme zur Sprache bringen. Es ist eine Form von Selbstschutz.

Frauen fühlen sich von den Problemen anderer nicht so leicht aufgefressen; es kommt ihnen vielmehr ganz normal vor, stark mit einbezogen zu werden: »Sensibilität gegenüber den Bedürfnissen anderer und das Übernehmen von Verantwortung und Fürsorge führen dazu, daß Frauen auch auf andere Stimmen als ihre eigene hören und andere Meinungen in ihr Urteil einbeziehen«, stellt Carol Gilligan in ihrem Buch *Die andere Stimme* fest.

Außerdem »denken Männer eher analytisch und ziehen aus nebensächlichen Informationen das Wichtige heraus. Frauen sehen mehr das Gesamtbild«, erläutern die Autoren von *Brain Sex*. Frauen bringen »ein zusätzliches Element emotionaler Sensibilität ein«. Mit anderen Worten: Frauen bedenken bei Problemen von anderen nicht nur die Fakten, sondern auch, wie er oder sie und alle anderen davon Betroffenen gefühlsmäßig dazu stehen. Viele Männer halten solche emotionalen Überlegungen für überflüssig. Pragmatisch und lösungsorientiert, wie sie sind, meinen Männer etwas unternehmen zu müssen, das eine Wirkung auf die Welt und in der Welt hat. Sich nur auf die Fakten zu konzentrieren, hilft ihnen daher, Lösungen zu entwickeln, die sie in die Tat umsetzen können, ohne alle möglichen emotionalen Folgen zu berücksichtigen.

So klappt's besser

- **Frauen:** Wenn Sie keine Lösungen, sondern Mitgefühl wollen, sagen Sie Ihrem Partner ruhig: »Schatz, deine Lösung ist super. Aber ich möchte jetzt einfach über mein Problem reden und meine Gefühle dazu äußern.«
- **Männer:** Wenn eine Frau ein wichtiges persönliches Problem auf dem Herzen hat (das kann, muß aber nicht mit Ihnen zu tun haben), sollten Sie herauszufinden versuchen, was sie möchte. Oft trifft eine der folgenden Möglichkeiten zu:

A. Sie ist ganz aufgeregt, möchte jetzt Mitgefühl von Ihnen und gute Ratschläge irgendwann später – vielleicht nie.

B. Sie ist ganz aufgeregt, möchte jetzt Mitgefühl von Ihnen und Lösungsvorschläge, wenn sie Ihnen ihr Herz ausgeschüttet hat.

C. Sie ist überhaupt nicht aufgeregt und möchte mit Ihnen eine Lösung diskutieren.

Buchtip

- *Männer sind anders. Frauen auch* von John Gray läßt Sie die Geschlechtsunterschiede mit neuen Augen sehen und besser verstehen.

♀♂

Boshafte Bemerkungen

Männer landen häufiger verbale Tiefschläge als Frauen

»Mann! Das geht jetzt aber unter die Gürtellinie!« Eine boshafte Bemerkung, ein Seitenhieb ist eine potentiell demütigende Äußerung oder Brüskierung, die, vor allem in der Öffentlichkeit, einen Menschen in seiner Selbstachtung verletzen soll. Manche sind witzig, andere böse. Erfolgreiche Seitenhiebe treffen genau den Nerv.

Bemerkungen dieser Art können aus einer Konkurrenzhaltung heraus kommen – sie sind eine Möglichkeit, Punkte zu machen. Männer verschaffen sich durch eine kurze spöttische Bemerkung einen kleinen Vorteil beim Gerangel um die Macht und wahren dabei trotzdem eine Distanz. Ob Sie's glauben oder nicht, solche Sticheleien sind auch eine Form der Verbrüderung – denken Sie nur an Talkshows im Fernsehen, wo bekannte Leute den Ehrengast aufs Korn nehmen. »Männer wissen instinktiv, daß ein Mann, der über spöttische Anspielungen auf sein Äußeres, sein Auftreten und seine Einstellung lachen kann, ein starkes Selbstbild haben muß. Man kann ihm vertrauen«, sagt Joe Tanenbaum in *Mann und Frau oder Der große Unterschied*.

Die meisten Männer bringen solche Frotzeleien nur bei Männern an, die sie mögen. Bruce Kamen, der Sendeleiter von KGO-Radio in San Francisco, drückt es so aus: »Wen man mag, den ärgert man. Wen man nicht mag, den ignoriert man.« Frauen gegenüber spötteln Männer weniger, weil diese nicht so gut damit zurechtkommen. Frauen wollen gemocht, nicht humorvoll oder böswillig verspottet werden, und deshalb nehmen sie ein solches Verhalten übel. Und sie fühlen sich auch sehr unwohl, wenn Männer sich in ihrer Gegenwart so verhalten.

Frauen sind keine Engel! Auch sie mokieren sich über andere – allerdings meistens hintenherum. Da Frauen Konfrontationen eher scheuen, greifen sie andere indirekt an. Sie parieren einen Frontalangriff lieber mit Lästern: »Hast du gehört, was sie gemacht hat…?« Ein richtiger Seitenhieb ist per Definition ein Vorgang von Angesicht zu Angesicht.

»Männer finden es meistens lustiger, wenn ein Mann über jemand anderen spottet statt über sich selbst, aber Frauen machen lieber Witze auf ihre eigenen Kosten«, stellt die Psychologin Carol Tavris fest.

Aufschlußreiche Hintergründe

Geschwisterrivalität zwischen Jungen drückt sich oft in boshaften Seitenhieben aus. Die Brüder Jason und Mark zum Beispiel, die zwei Jahre auseinander liegen, hacken ungefähr 70 Prozent der Zeit, die sie zusammen sind, aufeinander herum. Ich fragte die beiden: »Warum ärgert ihr euch ständig?« Hier ihre Antworten: »Tu ich doch gar nicht« (Verleugnung). »Ich möchte sehen, was er dann tut« (eine Reaktion wird herausgefordert). »Weil er mein Bruder ist« (indirekter Ausdruck der Zuneigung). »Ich glaube, was ich zu ihm sage« (wörtlich gemeint). »Weil ich ihm überlegen sein will« (Konkurrenzverhalten; eine kühne Erkenntnis).

Weibliche Bewältigungsstrategien

- **Den Ball zurückgeben:** Die Autorin Adele Scheele gibt Frauen Tips, wie sie in der Berufswelt besser mit Männern klarkommen können. »Wenn Männer sich gegenseitig hochnehmen, geht es um Macht: *Kannst du mich übertrumpfen? Bist du stark genug, es auszuhalten?* Zieht aber ein Mann eine Frau auf, empfindet sie es als Angriff auf einen wunden Punkt: *Er hält mich für nicht intelligent genug.* Nimmt sie die Herausforderung jedoch an und beweist ihre Stärke, indem sie in ähnlicher Weise antwortet, bringt sie ihn zum Schweigen und verdient sich gleichzeitig seinen Respekt«, erläutert Scheele.
- **Die richtige Einstellung ist alles:** »Jede Frau, die im Berufsleben mit dem aggressiven Humor von Männern sicher und locker umgehen kann, ist allen anderen Frauen einen Schritt voraus, die diese Interaktionen negativ interpretieren«, meint Joe Tanenbaum. »Das heißt natürlich nicht, daß Frauen oder Männer sich absichtliche Beleidigungen, chauvinistische Ansichten oder rassistische Bemerkungen gefallen lassen sollten, um die Teamarbeit nicht zu belasten.«

♀♂

Es tut mir so schrecklich leid

Frauen entschuldigen sich häufiger als Männer

Eine Entschuldigung ist ein Ausdruck des Bedauerns, wenn man jemandem unrecht getan hat. Frauen geben Fehler öfter zu als Männer, weil sie sich eher selbst die Schuld an etwas zuschreiben. »[Frauen] gehen mit sich sehr hart ins Gericht, ehe sie schauen, was andere zu dem Problem beigetragen haben«, bemerkt der Psychologe John Gray. »Männer neigen dazu, anderen Vorwürfe zu machen, ehe sie schauen, inwieweit sie für das Problem verantwortlich sind.«

Tatsächlich entschuldigen sich viele Männer nur, wenn es von ihnen erwartet wird oder nicht zu vermeiden ist, insbesondere um einem Streit aus dem Weg zu gehen: »He, Mann, reg dich ab. Ich hab doch gesagt, es tut mir leid.« Wichtig ist unter Männern die soziale Stellung – wer oben ist und wer unten. Durch eine Entschuldigung kommen Männer in eine unterlegene Position, und deswegen vermeiden sie sie nach Möglichkeit. Manche Frauen – solche, die sich anderen unbedingt angenehm machen wollen – entschuldigen sich oft wegen jeder kleinsten Kleinigkeit, weil sie gemocht werden und keinen Staub aufwirbeln wollen.

Manche Männer verachten Frauen, die sich ständig entschuldigen. Anderen gefällt es, weil es zeigt, daß diese Frauen keine Bedrohung sind und ihren niedrigeren Status akzeptieren. Deborah Tannen schreibt in *Du kannst mich einfach nicht verstehen*: »Vieles, was Frauen sagen, macht im Gespräch mit anderen Frauen Sinn und ist effektiv, wirkt bei Gesprächen mit Männern aber unsicher und selbstabwertend. Eines dieser Muster ist, daß Frauen sich offenbar die ganze Zeit entschuldigen.« Wie Tannen andeutet, ist es unter Frauen durchaus erwünscht, sich oft zu entschuldigen. Es schafft Vertrautheit und trägt dazu bei, gut miteinander auszukommen.

Vergeben und vergessen

Es ist wichtig zu wissen, wann und wie man sich entschuldigen sollte. Die Psychologin Robin Lakoff bietet einige Regeln dafür an. Vor einer Entschuldigung, sagt sie, sollten sich die Beteiligten einig sein, daß

- der, der sich entschuldigt, die betreffende Sache auch getan hat,

- diese Sache dem, dem die Entschuldigung gilt, Schaden zugefügt hat,
- es dem, der sich entschuldigt, wichtig ist, daß der andere ihm verzeiht.

All das versetzt den, der sich entschuldigt, in eine schwächere Position: Er oder sie ist im Unrecht und muß Abbitte leisten. Danach »kann der, dem die Entschuldigung gilt, sie annehmen und dem anderen verzeihen, oder auch nicht«, sagt Lakoff. »Entschuldigungen sind ein heikler Bereich der Redekunst, und kein allzu beliebter.«

Rituelle Entschuldigungen

- **In der Schule:** Ein Lehrer ruft einen Schüler auf, der sich gemeldet hat, und der Schüler leitet seine Äußerung ein mit: »Darf ich etwas sagen?« Das ist eine »rituelle Entschuldigung«. Natürlich darf er etwas sagen, denn sonst wäre er ja nicht aufgerufen worden. Der Schüler fürchtet andere schon zu verletzen, bevor er überhaupt etwas gesagt hat. Weibliche Schüler machen das oft, männliche eher selten.
- **Im Beruf:** Sie haben ein Projekt in der Arbeit abgeschlossen und wollen es dem Chef vorlegen. »Vermeiden Sie die (meist weibliche) Angewohnheit, sich zu entschuldigen, also zu sagen: ›Ich hoffe, es macht Ihnen nichts aus, das hier durchzusehen‹«, schreibt E. Bingo Wyer in *Cosmopolitan*.

Bewältigungsstrategien

- **Frauen:** Entschuldigen Sie sich zu oft? Wenn ja, sollten Sie sich bemühen, sich weniger zu entschuldigen, vor allem in Gegenwart von Männern. Achten Sie darauf, wie Ihre Stimme bei Entschuldigungen klingt, und wie die von Männern. Bei Männern klingen Entschuldigungen im allgemeinen weniger beschwichtigend, sondern sachlicher.
- **Männer:** Kritisieren Sie Frauen nicht dafür, daß sie sich so oft entschuldigen. Diese weibliche Eigenheit funktioniert gut in ihren Beziehungen (und bei Ihnen wahrscheinlich auch). Und außerdem: Wenn Sie sich selten entschuldigen, könnten Sie damit auch manchmal wichtige Gelegenheiten übersehen, eine engere Beziehung aufzubauen.

Ratschlag für Paare

- Natürlich ist es ein großer Unterschied, ob man sich dauernd und wegen jeder Kleinigkeit entschuldigt oder dann sagt: »Es tut mir leid«, wenn es angebracht ist. Aaron T. Beck schlägt in seinem Buch *Liebe ist nie genug* vor: »Haben Sie keine Angst davor, ›es tut mir leid‹ zu sagen. Zur Liebe gehört auch, daß Sie Ihr Bedauern ausdrücken, wenn Sie Ihren Partner unabsichtlich oder bewußt verletzt haben. Es ist wichtig, ihm dieses Gefühl zu vermitteln.«

♀♂

Witzig, witzig

Männer erzählen häufiger Witze und Anekdoten als Frauen

»Kennst du den schon...?« Witze ziehen sofort die allgemeine Aufmerksamkeit auf sich. Es erfordert Mut, sich hinzustellen und einen Witz oder eine Anekdote zu erzählen. Man riskiert damit, eventuell dumm dazustehen oder daß es so aussieht, als wolle man die Unterhaltung an sich reißen. Kein Wunder, daß viele Männer so gerne Witze erzählen! Sie finden es ja gut, im Mittelpunkt des Interesses zu stehen.

Paul, mein Vater, ist da keine Ausnahme. Er hat immer mindestens zehn Witze parat, die er uns beim Abendessen auftischt, wo ich schon Probleme habe, mich an einen zu erinnern. (Meine Schwester Paula ist atypisch. Sie kennt Superwitze – und sie hat auch eine rote Harley Davidson!) Auch die persönlichen Erlebnisse, die Männer zum besten geben, haben meist eine humorvolle Pointe, die aber nicht so sehr in Richtung Selbstabwertung geht. »Männer lieben Witze – über die anderen. Eine wirklich humorvolle Frau aber macht am liebsten Witze über sich selbst«, schrieb die Kriminalschriftstellerin Mary Roberts Rinehart in den zwanziger Jahren. Und tatsächlich hat eine Studie der Soziologin Rose Laub Coser gezeigt, daß Männer wie Frauen es lustiger finden, wenn Frauen die Zielscheibe des Spotts sind. »Der Hang, sich selbst herabzusetzen, ist einer der wichtigsten Unterschiede zwischen Männern und Frauen in Sachen Humor«, meint Joe Tanenbaum in seinem Buch.

Seine Witze, ihre Witze

Männer und Frauen unterscheiden sich darin, was sie lustig finden und wie sie Witze erzählen. Carole Mitchell stellte in ihrer Studie über die Witze bei beiden Geschlechtern fest:

- Männer erzählen prozentual wesentlich mehr gehässige und aggressive Witze als Frauen. Frauen fühlen sich durch solche Witze häufiger gekränkt.
- Männer erzählen mehr anzügliche, rassistische, auf einzelne Volksgruppen und Religionen zielende Witze als Frauen. Bei absurden und makabren Witzen, Wortspielen und Witzen über Autoritäten dagegen sind Frauen den Männern voraus.

- Die Witze von Frauen sind meistens kürzer als die von Männern.
- Männer setzen sich gerne zu Witzegefechten zusammen, wo jeder versucht, den anderen zu übertrumpfen. Frauen tun das sehr selten; sie fürchten, die Gefühle anderer zu verletzen.
- Männer erzählen Witze gerne vor einem größeren Publikum als Frauen. Sie haben am liebsten zwei oder mehr Zuhörer, Frauen lieber nur einen oder zwei.
- Männer erzählen Witze auch gerne Leuten, die sie nur flüchtig kennen.
- Männer wie Frauen erzählen Witze lieber Angehörigen des eigenen Geschlechts; das Risiko, mißverstanden zu werden, ist dann geringer.
- Männer setzen Witze aggressiver dazu ein, Freundschaften nicht allzu eng werden zu lassen. Frauen bemühen sich, Witze wie eine vertraute Unterhaltung klingen zu lassen.
- Gute Witze erzählen zu können, ist für Männer ein Prestigegewinn. Sowohl Männer wie Frauen glauben, daß sich Witzeerzählen für Frauen nicht schickt.

Harte Fakten

- Frauen sind in Sachen Humor auf dem Vormarsch. Wie die Zeitschrift *Time* berichtet, stellten Frauen im Jahr 1990 20 Prozent der Humoristen in Nachtklubs, zehn Jahre vorher waren es nur 2 Prozent.
- Als *Psychology Today* Leute befragte, ob der witzigste Mensch, den sie kennen, ein Mann oder eine Frau sei, nannten etwa 83 Prozent der Männer und 68 Prozent der Frauen einen Mann.

♀♂

Hilfe unerwünscht

Männer lassen sich weniger gern helfen als Frauen

Zwei Touristen aus Maine, Brian und Lori, sind mit ihrem Mietwagen in Los Angeles unterwegs. Sie verfahren sich. Lori sagt: »Da ist eine Tankstelle. Laß uns anhalten und nach dem Weg fragen.« Brian will nicht anhalten. Er möchte selbst nach Disneyland finden. Lori wird immer frustrierter. »Brian, dieses Herumgefahre macht mich rasend. Ich möchte jetzt sofort den genauen Weg wissen!« Nach einer sinnlos verfahrenen Viertelstunde ist Brian bereit, anzuhalten. An der Tankstelle sagt er: »Du gehst rein und fragst. Ich bleibe solange im Auto.«

Wie Deborah Tannen und andere feststellen, lassen sich Männer sehr ungern helfen, weil es ihnen peinlich ist und erniedrigend vorkommt. Es ist unmännlich. Männer sehen sich als Problemlöser, als entschlußfreudige Typen, die alles unter Kontrolle haben. Jemanden um Hilfe zu bitten, versetzt den, der die besseren Informationen hat, in eine überlegene Position, und Hilfe anzunehmen gibt Männern das Gefühl, unterlegen zu sein: »Ich bin ein Versager. Ich habe es allein nicht geschafft.«

Umgekehrt sehen Frauen es als Gewinn an, wenn sie Hilfe bekommen, wie wenn sie ein superschickes Kleid im Ausverkauf ergattern. »Mensch, ich habe die Adresse. Jetzt ist alles klar. Spitze!« Außerdem sehen es Frauen auch als eine Gelegenheit, eine engere Beziehung zum anderen herzustellen, wenn sie um Hilfe bitten.

Können Sie sich jetzt vorstellen, wie Männer sich fühlen, wenn sie hören: »Schatz, ich glaube, wir sollten einmal zu einem Eheberater gehen.« Da würden sie doch noch eher nach dem Weg fragen!

Seine »Höhlenmensch«-Mentalität

- »Wenn ich erst so richtig genervt bin, frage ich auch nach dem Weg. Das Ganze ist eben ein Wettkampf: Wer wird gewinnen – ich oder die Straße?... Männer sind wie die Höhlenmenschen. Sie wollen immer bessere Jäger werden und versuchen, autark zu sein.« – Bob Reiss, Kolumnist
- »Woran liegt es, daß kein einziger Mann nach dem Weg fragen kann? Ob das wohl genetisch vorprogrammiert ist?« – Jean Gonick in der Zeitschrift *Glamour*

- »Meine Vorfahren irrten 40 Jahre lang in der Wüste umher, weil die Männer schon in biblischer Zeit nicht stehenblieben und nach dem Weg fragten.« – Elayne Boosler, Humoristin

So klappt's besser

- **Frauen:** Respektieren Sie das Bedürfnis der Männer, ihre Probleme selbständig zu lösen. Rechnen Sie mit Widerstand, wenn Sie meinen, daß sie sich helfen lassen sollten.

  Vielleicht müssen Sie sich mit der Rolle dessen abfinden, der die Fragerei erledigt, während er im Auto sitzen bleibt und wartet.
- **Männer:** Respektieren Sie, daß Frauen andere so locker um Hilfe angehen können. Es steht nicht unbedingt gleich Ihre Unabhängigkeit auf dem Spiel oder sagt etwas über Ihre Fähigkeit aus, Probleme selbst zu lösen, wenn Sie sich hin und wieder helfen lassen.

Zur Vertiefung des Themas

- Sehr interessant ist in diesem Zusammenhang *Mann und Frau oder Der große Unterschied* von Joe Tanenbaum, einem Experten für zwischenmenschliche Kommunikation, der auch Firmenschulungen und Workshops durchführt. Seine Sprache ist erfrischend und originell.

♀♂

Wer plustert sich am meisten auf?

Männer geben mehr mit ihren Leistungen an als Frauen

Angeben ist ein Verhalten, das aus Konkurrenzdenken und Selbstbezogenheit heraus entsteht und deshalb vor allem bei Männern zu beobachten ist. Männer konkurrieren, indem sie anderen Dinge erzählen, die sie gut dastehen lassen. Ihre Erfolge haben den Stellenwert einer öffentlichen Information; sie tun ihre Leistungen jedem kund, der ihnen zuhört: ihr überlegenes Golfspiel, die großartige Rede, das selbst entwikkelte Computerprogramm.

Manche Männer sind Angeber der subtileren Art. Sie reden solange um ein Thema herum, bis die anderen Männer nachfragen, was sie alles haben oder gemacht haben. Die ganz ungenierten Prahlhälse rücken sofort mit einer Liste ihrer Pluspunkte heraus. Der Nachrichtensprecher Bryant Grumble sagt: »Ich bin äußerst selbstbewußt; Bescheidenheit gehört nicht zu meinen starken Seiten.«

Frauen sind da nicht so direkt wie Männer. Die meisten Frauen wollen lieber gemocht werden als bewundert, beklatscht und respektiert, und deshalb erzählen sie lieber nur engen Freunden und im privaten Kreis von ihren Erfolgen. Außerdem haben Frauen die Angewohnheit, eher über »persönliche Probleme« zu reden, als ihre Leistungen herauszustellen, was sie aus Sicht der Männer schlecht dastehen läßt.

Es ist Imponiergehabe

Desmond Morris schreibt in *Der Mensch, mit dem wir leben*: »Unverhohlenes Prahlen ist das typische Imponiergehabe des kleinen Jungen – ›Ich war besser als du‹; ›Nein, warst du nicht, ich war besser‹ –, aber das schleift sich mit dem Erwachsenwerden schnell ab. Das Verhalten ändert sich dann dahingehend, daß man gelegentlich wichtige Namen in die Unterhaltung einfließen läßt und das Gespräch wie zufällig so steuert, daß man seine Leistungen zur Sprache bringen kann.« Mit anderen Worten, auch große Jungen geben an, aber auf subtilere Art. Morris sagt auch, daß Personen mit einem höheren Status sich weniger wichtigmachen als solche mit einem niederen Status, weil sie sich mit Schmeichlern umgeben, die das für sie erledigen.

Sie ist bescheiden

• Die Schauspielerin Annabeth Gish sagte in einem Feature über sie in der Zeitschrift *Mademoiselle*: »Wenn Leute, die du nicht kennst, dich fragen: ›Was haben Sie letzten Sommer gemacht?‹, dann sagst du nicht so nebenbei: ›Ach, ich habe einen Film gedreht.‹ Also checkst du die Situation und versuchst rauszukriegen, wieviel du sagen kannst, ohne anzugeben.« Wenn das keine Bescheidenheit ist!

• »Jungen geben furchtbar gern an«, meinte Miranda Canty in der *New York Times*. Miranda ist eine Zehnjährige, die bei einem Forschungsprogramm für Kinder und Jugendliche Experimente mit batteriegetriebenen Motoren gemacht hat. »Wenn Mädchen unter sich sind, geben sie nicht an und sagen: ›Ich bin besser als du.‹«

Memos, Memos

Schicken Sie Ihrem Chef öfter mal ein Memo, um ihn über Ihre Erfolge, die kleinen und die großen, auf dem laufenden zu halten. Schreiben Sie einleitend etwas wie: »Dachte, es könnte Sie interessieren...«

Zur Vertiefung des Themas

In letzter Zeit sind viele Bücher erschienen, die berufstätigen Frauen Mut machen wollen, sich in Eigenwerbung und damit in selbstbewußtem Auftreten zu üben, um beruflich voranzukommen. Hier zwei Zitate:

• »Eigenwerbung ist im Gegensatz zum Angeben, das ebenso einfach wie ärgerlich ist, eine Kunst, die Fingerspitzengefühl verlangt. Wie jede andere Fähigkeit erfordert sie eine Menge Übung – immer wieder ausprobieren –, um sich gut darstellen zu lernen, *ohne* zu übertreiben.« – Adele Scheele

• Und Beth Mildwid schreibt in ihrem Buch *Allein unter Männern*: »Frauen bemühen sich, höflich zu sein, aber die Firmen suchen knallharte Manager. Frauen scheuen sich, ihre Leistungen herauszustreichen, aber befördert werden diejenigen, die die meiste und beste PR bekommen.«

Berufsberater haben Frauen aufgrund dessen eindringlich nahegelegt, es den Männern gleichzutun und sich mehr selbst zu loben. In den letzten paar Jahren zeichnet sich jedoch ein neuer Trend ab. Frauen sind jetzt »fest entschlossen, die maskulinen und femininen Aspekte zu integrieren« und wollen ihren Weg im Berufsleben machen, ohne wie Männer zu werden.

♀♂

Schweigen ist (manchmal) Gold

Frauen nörgeln mehr als Männer

So wie Angeben die Kehrseite der Selbstbezogenheit von Männern ist, ist Nörgeln eine potentielle Folge der weiblichen Fixiertheit auf andere. Nörgeln heißt, anderen mit ständigen Forderungen und Klagen auf die Nerven zu gehen, und der weibliche Pflegetrieb kann oft in Nörgelei ausarten. Frauen sagen anderen häufig, was sie, zu ihrem eigenen Besten, tun sollen, und wenn die anderen sich nicht daran halten, wird ihr Ton oft flehentlich, weinerlich und verärgert: »Wie oft muß ich dir noch sagen...«

Aus dieser weiblichen Veranlagung heraus haben sich tatsächlich viele negative, stereotype Verhaltensweisen entwickelt. »Bei den meisten von uns beschwört der Ausdruck *sich beklagen* alle möglichen negativen Bilder von Menschen herauf, die nörgeln, meckern, streiten, brüllen und anderen sonstwie Bescheid stoßen, daß sie die Nase voll haben und sich das nicht mehr gefallen lassen werden«, schreibt Ellyn Meadors in der Zeitschrift *New Woman*.

Das selbstbezogene Verhalten von Männern und Kindern animiert häufig zum Nörgeln. Es ist recht verführerisch, andere dadurch ändern zu wollen, daß man sie ständig dazu drängt, doch rücksichtsvoller, nicht so vergeßlich, weniger rüpelig und unordentlich zu sein. Als Mütter müssen Frauen ihre Kinder zu anständigen Menschen erziehen, die auf andere Rücksicht nehmen, und bei dieser schwierigsten aller Aufgaben verfällt man ziemlich leicht ins Nörgeln. Erwachsene Männer ändern zu wollen, ist jedoch anmaßend – und nebenbei ein fruchtloses Unterfangen (wie das ungeheuer populäre Buch *Wenn Frauen zu sehr lieben: Die heimliche Sucht, gebraucht zu werden* auch beweist).

Viele Frauen bestreiten, daß sie häufig nörgeln, denn es geschieht unbewußt, und natürlich machen es nicht alle Frauen. Und ja, auch Männer nörgeln, aber nicht so häufig, denn sie kümmern sich weniger um das Verhalten der anderen und mehr um ihr eigenes Fortkommen. Allerdings tragen Männer auch ihren Teil dazu bei, daß Frauen oft so nörgelig sind, weil sie ihnen nur mit halbem (oder viertel) Ohr zuhören und Frauen sich x-mal wiederholen müssen, bevor das Gesagte ins Bewußtsein dringt.

Wie Nörgeln auf Männer wirkt

• **Ambivalenz:** Viele Männer mögen es und sind gleichzeitig genervt, wenn Frauen an ihnen herumnörgeln. Sie mögen es, weil es sie an ihre Mutter erinnert und deshalb mit Zuneigung und Liebe assoziiert wird. Andererseits mögen sie es nicht, wenn man sie anjammert oder ihnen sagt, was sie tun sollen. Sie geben lieber selbst Anweisungen, statt welche auszuführen.

• **Ein Scheidungsgrund:** Die Journalistin Doris Wild Hemmerling sagt dazu: »Ich habe in den letzten paar Monaten miterlebt, wie eine ganze Reihe von Männern den Entschluß gefaßt hat, aus ihrer Ehe auszusteigen, nicht wegen einer anderen Frau, sondern weil sie die Negativität ihrer Ehefrauen nicht länger ertragen konnten. In allen Fällen fand der Mann, seine Frau sei ein guter Mensch und eine hingebungsvolle Mutter, aber er konnte es nicht länger aushalten, mit ihr zusammenzuleben.«

• **Psychologenmeinungen:** »Therapeuten berichten, daß Frauen mit Eheproblemen sich am häufigsten darüber beschweren, daß ihre Männer zu verschlossen sind und zu wenig mit ihnen reden, während die Männer darüber klagen, daß ihre Frauen zu emotional sind und sich mit Äußerungen überhaupt nicht zurückhalten, was oft bis ins Nörgelige hineingeht«, sagt Howard Markman, Leiter des Instituts für Ehe- und Familienstudien an der University of Denver.

• **Anders als Frauen:** Wenn Männer an ihnen herumnörgeln, fühlen sich die meisten Frauen nicht so unter Druck gesetzt, wie Männer das umgekehrt erleben. Das liegt daran, daß der weibliche Körper besser mit Streß umgehen kann. »Unser [weiblicher] Körper schüttet bei Anspannung weniger Streßhormone aus, und unser Blutdruck geht weniger stark in die Höhe«, schreibt Sue Browder in *Woman*.

Nicht nörgeln, verhandeln!

• Wenn Sie gerne weniger nörgeln und besser verhandeln können möchten, sollten Sie *Gute Beziehungen* von Roger Fisher und William Ury lesen. Lernen Sie, wie man klare Ziele setzt.

♀♂

Einschüchterungstaktiken

Männer versuchen andere mehr einzuschüchtern als Frauen

Footballspieler schüchtern ihre Gegner ein, indem sie sie höhnisch angrinsen, anknurren, anbrüllen, fluchen und gegen die Brust boxen. Staatsoberhäupter treten möglichst imponierend auf und blaffen sich gegenseitig an. Väter schüchtern ihre Söhne durch verletzende Äußerungen ein, und Söhne zeigen ihren Vätern ein böses Gesicht. Große Brüder machen die kleinen Brüder nieder.

Im Berufsleben wenden Männer Einschüchterungstaktiken an, um gute Geschäfte auszuhandeln und in der Firmenhierarchie ein Stück aufzusteigen. »In allen Unternehmen werden Rivalen mit schöner Regelmäßigkeit eingeschüchtert. In manchen Firmen steht man ständig mit dem Rücken zur Wand, weil einen immer jemand angreift, um eine Nasenlänge voraus zu sein. Das ist ein außerordentlich wichtiges Faktum im Leben«, bemerkt Jay Lorsch, Professor für Organisationsverhalten an der Harvard University.

Natürlich sind auch manche Frauen einschüchternd. Wir alle kennen Frauen, die wie Bulldozer auf einen zukommen. Aber summa summarum sind Männer hier eindeutig in der Überzahl. Warum? Weil Frauen weniger Intimität bekommen, wenn sie andere einschüchtern. Die weiblichen Charakteristika wie einfühlsam und nicht so direkt sein oder sich häufig entschuldigen, sind nicht furchteinflößend; sie wollen ja engere Bindungen schaffen, nicht andere abschrecken.

Eine unbewußte Strategie

Die meisten Männer wissen gar nicht, wie gut sie andere durch Einschüchtern dazu bringen, etwas zu tun oder auch nicht zu tun. Hier ein paar Beispiele, auf welche Weise Männer ihre Partnerinnen und andere einschüchtern:

- Sein Schweigen kann einschüchternd sein: »Was denkt er bloß?«
- Seine direkte, entschlossene Art kann Druck auf andere ausüben: »Er ist so geradeheraus.«
- Seine Wut kann Angst machen: »Er macht ein finsteres, böses Gesicht. Auf einmal fängt er ganz furchtbar zu brüllen an.«

• Seine Überlegenheit von Körpergröße und Kraft her kann einschüchtern: »Er sieht aus wie Rambo!« (Womöglich droht er auch noch mit körperlicher Gewalt.)

Lassen Sie sich nicht einschüchtern

Wenn Sie sich in Zukunft nicht mehr so einschüchtern lassen wollen, sollten Sie ein Buch zum Thema Selbstbehauptung lesen oder einen entsprechenden Kurs machen. *Sage nein ohne Skrupel* von Manuel J. Smith wäre ein guter Anfang. Hier ein paar von Smiths Grundsätzen:

• Sie haben das Recht, Ihre Meinung zu ändern.
• Sie haben das Recht, Fehler zu machen und die Verantwortung dafür zu übernehmen.
• Sie haben das Recht, unlogische Entscheidungen zu treffen.
• Sie haben das Recht, »das interessiert mich nicht« zu sagen.
• Sie haben das Recht, »das weiß ich nicht« zu sagen.

Sexuelle Belästigung

Sexuelle Belästigung ist eine Form der Einschüchterung. Untersuchungen haben ergeben, daß bei 90 Prozent der 500 größten US-Firmen Beschwerden über sexuelle Belästigung vorgebracht wurden, davon fast 25 Prozent mehrmals, berichtet die Zeitschrift *Time*. In Europa sind 50 Prozent der Frauen, in Japan 70 Prozent am Arbeitsplatz bereits sexuell belästigt worden, wie entsprechende Studien belegen.

Für Sie ganz persönlich

• **Frauen:** Konzentrieren Sie sich mehr auf sich selbst als auf den anderen (er oder sie), wenn jemand Sie einschüchtern will. Wenn Sie zu sehr auf den Aggressor fixiert sind, neigen Sie eher zu einer *ängstlichen* Reaktion, was seine Selbstsicherheit und Entschlossenheit noch verstärkt. Außerdem kann Angst »klares Denken, die richtige Einschätzung der Lage, eine adäquate Lösung des Problems oder eine angemessene Gegenreaktion verhindern«, warnt Karen Johnson in *Trusting Ourselves*.
• **Männer:** Wenn andere vor Angst ganz klein werden oder zusammenzucken, wenn Sie daherkommen, dann treten Sie vielleicht ein bißchen zu massiv auf. Versuchen Sie sich Ihrer einschüchternden Verhaltensweisen bewußt zu werden und Ihre tyrannische Art etwas zu mäßigen. Niemand wird gern plattgewalzt.

♀♂

Die Rechthaber

Recht haben ist Männern wichtiger als Frauen

»Ich habe recht; du täuschst dich!« Männer identifizieren sich stärker mit ihren Entscheidungen und Handlungen als Frauen, und deshalb sind sie sehr dahinter her, recht zu haben. Einem Mann zu sagen, daß es falsch war, was er entschieden oder getan hat, trifft ihn bis ins Mark. Es heißt für ihn, daß er an Respekt als Autoritätsperson eingebüßt hat, und da er selbstbezogen ist, ist seine Autorität das, worauf er sich verlassen können muß, um sich in der Welt zu bewegen. »Männer müssen immer recht haben«, meint John Gray.

Erinnern Sie sich noch, daß Männer mehr über Dinge reden als über Menschen? Nun, die richtigen Antworten zu geben, ist für Männer etwas sehr Wichtiges. Bei vielen Gesprächen mit Männern, vor allem wenn sie ganz unter sich sind, geht es in erster Linie um Zahlen und Fakten, wie was funktioniert, welches Modell das beste ist, usw. Wenn man ihr Wissen in Frage stellt, stellt man sie selbst in Frage.

Den meisten Frauen liegt weniger daran, ihre Entscheidungen, ihr Tun und irgendwelche Fakten zu verteidigen. Sie streiten vielleicht mit Ihnen, haben aber weniger darin investiert, der Experte zu sein. Was sie in Auseinandersetzungen oft suchen, ist eine Bestätigung ihrer Gefühle und kein stichhaltiger Beweis dafür, daß die eine oder andere Seite recht hat: »Ich halte es für ein bißchen riskant, wenn Johnny allein zu dem Konzert geht. Meinst du nicht auch? Ich hätte die ganze Zeit Angst.« Männern hingegen geht es viel mehr darum, die Fakten klar zu umreißen: »Tatsache ist, daß im letzten Jahr in ganz Amerika nur drei Jungs im Teenageralter von der Straße weg gekidnappt worden sind. Also wird ihm wahrscheinlich nichts passieren.« Diese Diskrepanz kann Gespräche für beide Geschlechter sehr frustrierend machen.

Interessante Zitate

- »Eine der schwierigsten Lektionen des Ehelebens ist, den Partner seine eigene Meinung haben zu lassen und seine eigene Art und Weise, dies oder jenes zu machen. Wir sind daran gewöhnt zu denken, daß unser Stil der einzig wahre ist.« – Lee Johnson-Kaufman, Kolumnist
- »Möchten Sie lieber recht haben oder glücklich sein? Eine Menge

Leute streiten darüber, wer recht hat. Wie man Socken richtig zusammenrollt. Wie man eine Dose richtig öffnet.« – Jennifer James, Psychologin

Das Antwortsyndrom

Die Humoristin Jane Campbell, die für die Zeitschrift *Details* schreibt, hat eine unter Männern grassierende, seltsame Krankheit ausgemacht, die sie als das Antwortsyndrom bezeichnet – »das ständige Beantworten von Fragen ohne Rücksicht darauf, über welches Wissen sie tatsächlich verfügen... Dieser Antwortzwang ist von Mann zu Mann unterschiedlich, aber nur die wenigsten können ohne Probleme sagen: ›Ich weiß es nicht.‹ Sie sagen lieber: ›Das ist jetzt nicht wichtig.‹« Das Syndrom kann recht gefährlich sein, meint sie. »Männer können mit einer solchen Überzeugungskraft reden, daß Frauen ihnen tatsächlich abnehmen, sie wüßten, worüber sie reden.«

So klappt's besser

Hier ein paar Tips zum Umgang mit Menschen, die Sie gerne ins Unrecht setzen:

- Wechseln Sie doch mittendrin die Seite, wenn Sie in eine kleinliche Auseinandersetzung verwickelt werden. »Wissen Sie, da ist was dran...« Warum sich über Banalitäten streiten?
- Bedenken Sie immer die Hintergründe, wenn jemand Ihnen weismachen will, Sie seien im Unrecht. Oft ist es gar nicht der Mühe wert, darauf zu antworten.
- Übertreiben Sie nicht in der Rolle des Advocatus Diaboli. Die meisten Männer und Frauen bringen sehr viel von ihrem Ego in das ein, was sie sagen und tun. Überlegen Sie, bevor Sie zuschlagen.

Eine spirituelle Annäherung

S. N. Goenka sagt in seinem Buch über die Vipassana-Meditation: »Wir verkennen oft, daß jeder Mensch seine eigenen Überzeugungen hat. Es ist sinnlos, darüber zu streiten, welche Ansicht richtig ist; wesentlich nützlicher wäre es, alle Voreingenommenheit beiseite zu lassen und zu versuchen, die Realität zu sehen.«

♀♂

Zu Befehl!

Männer erteilen im allgemeinen lieber Befehle als Frauen

»Sag mir nicht, was ich zu tun habe!« Die meisten Männer geben lieber Befehle, als welche entgegenzunehmen. In der Männerwelt wird derjenige, der Befehle erteilt, als überlegen angesehen, der Befehlsempfänger als unterlegen. Männer streben aktiv nach der überlegenen Position. Robin Lakoff stellt fest: »Einen direkten Befehl zu geben, ist weder nett noch freundlich, denn es zeigt mit schonungsloser Deutlichkeit, daß der Sprecher über dem anderen steht und die Macht hat, sein Tun zu steuern.«

Wenn man jemand dazu bringen will, etwas zu tun, kann man das entweder durch Befehle, Forderungen, Bitten oder Vorschläge erreichen. Befehle und Forderungen sind massive, zielbewußte und militaristische Mittel. Vorschläge und Bitten sind sanftere Methoden, und es ist leichter, nicht auf sie einzugehen.

Anordnungen von Frauen hören sich meistens wie Vorschläge an. Sie werden oft in nette Formulierungen verpackt wie: »Hättest du etwas dagegen, wenn wir...» oder: »Wenn es dir nicht zuviel Mühe macht, könntest du...?« Die Linguistin Deborah Tannen meint dazu: »Mädchen geben keine Befehle; sie formulieren ihre Wünsche als Vorschläge... Während Jungen sagen: ›Gib mir das!‹ und: »Zieh Leine!‹, sagen Mädchen: ›Laß uns doch das und das machen‹ und: »Wir könnten doch...?‹« Da Frauen die Gefühle der anderen besonders wichtig sind, scheuen sie sich, direkte Befehle zu erteilen, die das Ego des anderen verletzen könnten.

Frauen im Beruf

Viele erfolgreiche Karrierefrauen haben im Berufsleben gelernt, wie man in geeigneter Weise Anweisungen erteilt. Und manche haben dabei gelernt, daß sie das lieber auf ihre eigene, sanftere Weise tun. »So viele fähige Frauen wie nie zuvor verlassen etablierte Unternehmen, um ihre eigene Firma zu gründen. Ein Grund für diesen Trend ist die kollektive Abneigung gegen eine Welt, die von Macht, Egoismus und Konkurrenz beherrscht wird. Ein ebenso stichhaltiger Grund ist ihr Gefühl, daß ihnen der Zugang zur Spitze praktisch versperrt ist«, schreibt Beth Milwid in *Allein unter Männern*.

Jungen & Mädchen

Das Verhalten von Jungen und Mädchen gibt uns Hinweise darauf, warum es für Männer offenbar leichter ist, Befehle zu erteilen, als für Mädchen. Hier zwei Zitate aus der Untersuchung von Eleanor E. Maccoby und Carol N. Jacklin:

• **Dominanz:** »Dominanz scheint in Jungengruppen ein größeres Problem zu sein als in Mädchengruppen. Jungen machen unter Gleichaltrigen mehr Dominanzversuche (erfolgreiche wie erfolglose) als Mädchen. Und sie versuchen auch öfter, Erwachsenen ihren Willen aufzuzwingen.«

• **Fügsamkeit:** »In jungen Jahren fügen sich Mädchen häufiger den Forderungen und Anweisungen von Erwachsenen. Das geht aber nicht so weit, daß sie Anweisungen Gleichaltriger akzeptieren oder sich von ihnen beeinflussen lassen.«

Wie sag ich's am besten?

Hier vier Möglichkeiten, wie Sie Anweisungen so erteilen können, daß sowohl der Sprecher wie der Angesprochene sich dabei gut fühlen. Sie haben sich vor allem an der Heimatfront bewährt, können aber auch im Beruf sehr hilfreich sein.

• **Formulieren Sie Anweisungen als Fragen:** »Könntest du am Samstag den Wagen waschen?«

• **Leiten Sie Anweisungen mit einem Kompliment ein:** »Du bist doch so stark, du kannst doch gut das Holz für den Kamin hochholen.«

• **Leiten Sie Anweisungen mit »bitte« ein;** das nimmt ihnen die Schärfe: »Bitte vergiß nicht, die Wäsche zu waschen.«

• **Lassen Sie den Betreffenden Ihre Anweisungen innerhalb seines eigenen Zeitrahmens ausführen:** »Bitte reche die Blätter irgendwann bis Freitag zusammen.« Das zeigt, daß Sie dem anderen seine eigenen Interessen und Wünsche zubilligen und darauf vertrauen, daß er die Arbeit macht, ohne daß Sie danebenstehen.

♀♂

Ein Gewitter reinigt die Luft

Frauen sind weniger konfliktfreudig als Männer

Männer mögen den Konflikt. Sie genießen Machtkämpfe in Beruf, Sport und Privatleben. Frauen weichen Konflikten eher aus und nehmen sie ernster als Männer. Eine Frau fühlt sich nach einem Streit oft schrecklich – manchmal tagelang. Ein Mann fühlt sich danach oft besser und ist meistens in der Lage, »es nicht persönlich zu nehmen«.

Frauen gehen Konfrontationen aus dem Weg. »Wir [Frauen] möchten anderen Leuten unbedingt gefallen, deshalb zögern wir, offen auszusprechen, was wir denken oder fühlen. Wir relativieren unsere Äußerungen mit Formulierungen wie ›ich finde irgendwie‹ und ähnliches«, schreiben Mitglieder von NOW, einem kämpferischen Verband amerikanischer Feministinnen.

Im Beruf tun Männer sich leichter als Frauen, dem Chef entschlossen gegenüberzutreten. »Männer konkurrieren von Natur aus mit jedem, der Autorität besitzt«, schreibt Lynn Darling in *Self.* »Frauen lassen sich durch Autorität einschüchtern. Sie durchschauen das Spiel nicht. Frauen stellen sie nicht in Frage, weil sie fürchten, zu weit zu gehen. Sie glauben, kündigen zu müssen, wenn es zu einem großen Streit kommt. Männer glauben, daß sie sich gleich noch einmal streiten müssen.«

Der männliche Streitstil

David McDonough, der für die Zeitschrift *Men's Health* schreibt, präzisiert einen Aspekt der männlichen Streittechnik, der Frauen auf die Palme bringt – »der Kunstgriff, den wir als *feudus interruptus* bezeichnen. Damit ist die verblüffende Fähigkeit von Männern gemeint, sich mit der Giftigkeit einer Klapperschlange in einen verbalen Schlagabtausch zu stürzen, den Streit vier Stunden lang auszusetzen, währenddessen mit Freunden ausgehen, charmant und leutselig zu sein ... als wäre nichts geschehen ... [und dann] die Auseinandersetzung wieder an genau dem Punkt aufzunehmen, wo sie aufgehört haben.«

Interessante Zitate

• »Konflikte sind für Frauen eine Tabuzone, und das aus guten Gründen. Frauen sollen ja der Inbegriff eines entgegenkommenden, immer vermittelnden, anpassungsfähigen und besänftigenden Wesens sein. Dennoch sind Konflikte notwendig, wenn Frauen etwas für die Zukunft aufbauen sollen.« – Jean Baker Miller, *Die Stärke weiblicher Schwäche*

• »Ein wahrhaft liebender Mensch tut sich schwer mit Kritik oder Konfrontationen; einem solchen Menschen ist klar, daß darin ein großes Potential zur Überheblichkeit steckt.« – M. Scott Peck, *Der wunderbare Weg*

• »Konflikte können Probleme deutlich machen, erkennen helfen, wer wir wirklich sind, und einige Ressentiments abbauen.« – James Creighton, *Schlag nicht die Tür zu!*

Zur Vertiefung des Themas

Konflikte müssen nicht unbedingt eine negative Form der Kommunikation sein. Wenn Sie mit einem bestimmten Ziel vor Augen kämpfen, und mit fairen Mitteln, können Konflikte zu einem besseren Verständnis führen. Gute Vorschläge für den Umgang mit Konflikten finden Sie in dem Buch *Liebe ist nie genug* von Aaron T. Beck. Hier ein paar seiner Tips für eine konstruktive Auseinandersetzung:

• Machen Sie's kurz: Konzentrieren Sie sich auf nur ein Problem, und bleiben Sie dabei.

• Seien Sie präzise: Statt zu sagen: »Ich möchte, daß du mehr Ordnung hältst«, sagen Sie besser: »Ich möchte, daß du deine schmutzigen Sachen in den Wäschekorb tust.«

• Vermeiden Sie Beleidigungen: Sagen Sie zu niemand, er sei ein »Schwein« oder »Faulpelz«.

• Vermeiden Sie Absolutismen: Sagen Sie zu niemand, er täte etwas *immer* oder *nie* auf eine bestimmte Weise. Es ist niemals wahr.

• Formulieren Sie Probleme positiv: Also: »Es wäre schön, wenn du bei der Hausarbeit mithelfen würdest«, statt zu sagen: »Du hilfst *nicht* bei der Hausarbeit.«

• Analysieren Sie nicht die Motive des anderen: Das macht ärgerlich – und Sie liegen ja vielleicht falsch.

• Setzen Sie eine »Auszeit« an, wenn sich der Konflikt zu sehr hochschaukelt. Gehen Sie das Problem an einem anderen Tag wieder an.

Das Liebesleben

♀♂

Lieber doch nicht heiraten?

Männer haben mehr Angst vor einer festen Bindung als Frauen

Über die Angst vieler Männer vor einer festen Bindung ist schon eine Menge geschrieben worden. Dem Hite-Report zufolge sagen 82 Prozent der weiblichen Singles, daß die meisten Männer, die sie kennen, keine feste Bindung wollen. Eine Beziehung, bei der einer eine feste Bindung will und der andere nicht, ist ungleich – der eine, der sich nicht festlegen will, ist gegenüber dem anderen, der sich gebunden fühlt, ein Stück im Vorteil. Und mehr Männer als Frauen behalten in solchen ungleichen Beziehungen die Oberhand.

Auch Frauen haben Angst vor einer festen Bindung, aber viel weniger als Männer. »Selbst wenn eine Frau Angst vor einer festen Bindung hat, hat sie doch viele andere Ängste, Bedürfnisse und Sehnsüchte, die sie dazu drängen, sich an einen Partner zu binden«, schreibt Stephen Carter in *Angst vor der ewigen Liebe*.

Gründe für die männliche Abwehrhaltung

• »Wenn sie Kinder haben möchte und zu arbeiten aufhört, muß ich für alles aufkommen.« Männer sehen die Ehe als große finanzielle Verpflichtung.

• »Wenn wir mehr Zeit miteinander verbringen, fühle ich mich erdrückt.« Männer müssen die Distanz zu anderen selbst kontrollieren können, damit sie sich nicht aufgefressen fühlen, und die Ehe mit ihrem häuslichen Rahmen bedroht diese Distanz.

• »Was ist, wenn ich eine Frau kennenlerne, die mir besser gefällt?« Männer leiden häufiger als Frauen unter dem »Da drüben ist das Gras grüner«-Syndrom und haben Angst, eine Entscheidung zu treffen, die sie später bereuen könnten.

• »Ich kann für mich selbst sorgen.« Der Psychologe Warren Farrell meint: »Männer haben heute weniger das Gefühl, daß sie heiraten müssen, um Sex zu haben; sie wissen, daß man für die Hausarbeit jemand anstellen und in Restaurants essen kann; sie sind nicht mehr so stark vom Bild des Familienvaters beeinflußt.«

• »Wahrscheinlich werden wir uns irgendwann doch scheiden lassen.«

Viele Menschen beiderlei Geschlechts stehen der Ehe heute sehr skeptisch gegenüber, weil 50 Prozent geschieden werden.

Hinhaltetaktik

Männer stecken, häufiger als Frauen, in ambivalenten Beziehungen. Sie wollen nicht heiraten, sich aber auch nicht von ihrer Partnerin trennen. Also verlegen sie sich aufs Hinhalten, wenn das Thema Heiraten aufkommt: Sie wechseln plötzlich das Gesprächsthema, lassen sich zynisch über die Ehe aus, reden lang und breit über das Scheitern der Ehe von gemeinsamen Freunden, wollen sich erst dazu äußern, wenn sie befördert worden sind oder einen besseren Job bekommen haben – »In sechs Monaten weiß ich, ob ich befördert werde und diese Stelle in L. A. bekomme; dann können wir über uns reden«; oder sie reden über eine ferne Zukunft: »Wenn wir verheiratet sind, kaufen wir uns eine Skihütte in Tahoe.« Mit diesem taktischen Trick machen sie Frauen glauben, sie hätten eine feste Beziehung, obwohl es de facto nicht so ist.

Wenn er dann endlich heiratet

Was suchen Männer bei einer Partnerin? Studien des Psychologen Douglas Kendrick von der Arizona State University haben ergeben, daß »Männer großen Wert auf körperliche Attraktivität legen, wenn es um die Wahl der Partnerin geht, während Frauen mehr auf den sozialen Status und den materiellen Hintergrund eines Mannes schauen«, schreibt Bruce Bower in *Science News*.

Die Ehe ist gesund für Männer

Wissenschaftler der University of California in San Francisco haben festgestellt, daß unverheiratete Männer besonders gefährdet sind, vorzeitig zu sterben. Von den unverheirateten Männern im Alter von 45 bis 54 Jahren starben 23 Prozent innerhalb von zehn Jahren, bei den verheirateten Altersgenossen waren es 11 Prozent. Auch verheiratete Frauen leben länger, aber hier ist der Unterschied nicht so kraß. »Man kann wahrscheinlich so weit gehen zu sagen, daß (die Ehe) im Grunde (die Männer) vor der schrecklichen Isolation und dem Mangel an Intimität rettet, die für das Mannsein so charakteristisch sind«, meint der Psychologe Herb Goldberg.

Ein Ansatzpunkt

- Wenn Sie einen Mann lieben, der sich auf keinen Fall festlegen will, sollten Sie *Wenn Männer sich nicht binden wollen* von Sonya Rhodes und Marlin S. Potash lesen.

♀♂

Die Anonymen Liebessüchtigen

Frauen können eher »abhängig« werden von einer Liebesbeziehung als Männer

Jeder Mensch möchte lieben und geliebt werden. Aber Frauen verlieren sich leichter in der Liebe, werden übermäßig abhängig und bedürftig und leiden sehr, wenn der Partner abwesend ist, emotional oder körperlich, und haben oft buchstäblich das Gefühl, daß sie »ohne ihn nicht leben können«.

Diese Thematik hat in den Medien in letzter Zeit sehr viel Beachtung gefunden, und manche Psychologen stufen es inzwischen sogar als Sucht ein, möglicherweise auch mit einer körperlichen Komponente. »Man hat festgestellt, daß bei Menschen im Hochgefühl der Verliebtheit große Mengen aufputschender Substanzen im Gehirn erzeugt werden, wie Phenyläthylamin, Dopamin und Norepinephrin. In der richtigen Kombination wirken diese hirneigenen Substanzen wie Kokain«, sagt Michael Hutchison in *Megabrain*.

Liebessüchtige Frauen sind *sehr stark* auf andere fixiert und haben ein niedriges Selbstwertgefühl. Sie geben sich selbst bereitwillig auf, um ganz in dem Geliebten aufzugehen. Die Psychologin Robin Norwood bemerkt dazu: »Es ist für viele Frauen, die zu sehr lieben, ein vertrautes und beruhigendes Gefühl, zu spüren, daß sie sich um einen anderen Menschen kümmern (ihn damit auch manipulieren und kontrollieren).«

Männer vergöttern ihre Geliebte seltener so, wie Frauen es umgekehrt tun. Sie sind eher die, die alle Aufmerksamkeit bekommen, als daß sie sie geben. Ihr stärkeres Gefühl für das eigene Selbst verhindert, daß sie von einem anderen völlig vereinnahmt werden. (Auf der anderen Seite sind Männer, die derart vergöttert werden, gewöhnlich *sehr stark* selbstbezogen; sie haben, trotz all dieser Bewunderung, ein niedriges Selbstwertgefühl und brauchen jemand, der dauernd ihr Ego aufbaut.)

Dyan und Cary

Manche Frauen entwickeln stärkere Gefühle, wenn sie lieben, als wenn sie geliebt werden. Dyan Cannon zum Beispiel hat ihren Mann Cary Grant *angebetet*. Er war berühmt, attraktiv, intelligent und geistreich. Ihr ganzes Leben drehte sich um ihn, und sie tat alles, um eine perfekte

Ehefrau zu sein. Jahre nach ihrer Scheidung bekannte Dyan: »Ich war etwa vier Jahre mit Cary zusammen, habe nie einen anderen Mann angesehen und ihn wirklich geliebt – was heißt, daß ich ihn angebetet, ihn verehrt habe, er war für mich wie ein Gott. Aber nichts von alledem macht eine Ehe glücklich.«

Interessante Kommentare

• »Wir *reden* über die Unterschiede zwischen gesunder Liebe und süchtiger Liebe, aber tief in unserem Herzen sind wir eigentlich davon überzeugt, daß es nur eine Art von wahrer Liebe gibt – und daß, wenn wir nicht geradezu davon besessen sind, uns nicht eine körperliche Abhängigkeit gepackt hat, wir nicht wirklich lieben – sondern nur *gernhaben.*« – Erica Jong, *Der letzte Blues*

• »Die Sucht ist vorbei, wenn ein Mensch wirklich ein Gefühl von Freiheit und Selbstkontrolle hat – ein Gefühl, daß es in seiner Macht steht, seine Lebensumstände zu gestalten, statt von ihnen geformt zu werden.« – Stanton Peele

Zur Vertiefung des Themas

Lieben ist auf andere gerichtet; Geliebt-werden ist auf das Selbst gerichtet. Eine harmonische Balance von beidem schafft eine gesunde Beziehung.

• Wenn Sie in einer Abhängigkeitsbeziehung leben, sollten Sie den Klassiker von Robin Norwood, *Wenn Frauen zu sehr lieben*, lesen. Norwood zeigt anhand vieler Fallgeschichten und eines Zehn-Punkte-Programms Wege, wie man destruktives Lieben überwindet.

♀♂

Den Liebespartner verlieren

Frauen sind emotional eifersüchtig, Männer sexuell

»Wichtig ist in einer Beziehung nicht, ob Eifersucht da ist, sondern in welchem Ausmaß«, schreibt Shelley Levitt in *New Woman*. Die Angst, den Liebespartner zu verlieren, plagt sowohl Männer wie Frauen. Wie und wann sie sie haben und äußern, ist sehr unterschiedlich.

Wenn Männer eifersüchteln, ist Vorsicht geboten. »Forscher haben festgestellt, daß männliche Eifersucht in allen Kulturen der Hauptgrund für Ehegattenmord ist und meistens auch die Ursache dafür, daß Frauen geschlagen werden«, schreibt Michael Hutchison in *Megabrain*. Diese männliche Eifersucht impliziert die Vorstellung, daß eine Frau dem Mann irgendwie gehört, und Männer haben Angst, diese ihre Macht zu verlieren. Der Psychologe Allan Pass meint dazu: »Ein krankhaft eifersüchtiger Mann betrachtet die Frau gewöhnlich als einen Besitz. Er ist egoistisch, sehr narzißtisch. Er glaubt, daß die Frau alles tun muß, was er will.«

Weibliche Eifersucht äußert sich meistens verbal in Weinen, flehentlichen Bitten, Vorwürfen – »Ich habe doch gesehen, wie du Shannon angeschaut hast« – und wird durch eine wesentlich deutlichere Unsicherheit motiviert. Da Frauen ihre Beziehungen so wichtig nehmen und sich so stark über sie identifizieren, haben sie Angst davor, diese Beziehung zu verlieren. Frauen reden mehr über ihre Eifersucht, und deshalb meinen viele Leute auch, Frauen seien eifersüchtiger.

Wenn Rivalen auftauchen...

- **Sie ist eifersüchtig bei »emotionaler Untreue«:** Dem Psychologen David M. Buss von der University of Michigan zufolge geht es bei weiblicher Eifersucht um den Verlust der emotionalen Bindung.
- **Er ist eifersüchtig bei »sexueller Untreue«:** »Vielleicht ist ein anderer der Vater meines Kindes?« (Frauen haben solche Sorgen nicht.) Außerdem ist es demütigend für einen Mann, wenn ihm ein Eindringling vorgezogen wird, weil in der Vorstellung eines eifersüchtigen Mannes er dem anderen dann unterlegen ist. Sein Status steht in diesem Moment auf dem Spiel.

Ursachen der Eifersucht

Jeder ist hin und wieder eifersüchtig, denn »der Verlust eines geliebten Menschen ist eine unserer Urängste«, schreibt Katherine Merlin in *Cosmopolitan*. Die Leute werden aus den unterschiedlichsten Gründen eifersüchtig. Sie überreagieren vielleicht auf eine ganz unschuldige Begegnung zwischen dem geliebten Menschen und einer anderen Person. Oder spüren eine reale Bedrohung ihrer Partnerschaft. Sie lieben vielleicht jemand, der von Natur aus nicht treu ist. Oder ihre Eifersucht erinnert sie einfach daran, wie viel ihnen am Partner liegt.

Faszinierende Feststellungen

Virginia Adams berichtet in einem Artikel in *Psychology Today* mit der Überschrift »Der Kern der eifersüchtigen Liebe« von den Ergebnissen mehrerer Studien, die zu folgenden Schlüssen kamen:

- Wenn eine Partnerschaft durch eine dritte Person gefährdet wird, reagieren Frauen oft so, daß sie die Beziehung zu retten versuchen, während Männer bemüht sind, das Gesicht zu wahren.
- Bei Frauen führt das Gefühl der Unzulänglichkeit oft zu Eifersucht, während Männer sich unzulänglich fühlen, *nachdem* sie einen konkreten Grund zur Eifersucht hatten.
- Je niedriger das Bildungsniveau, um so eifersüchtiger sind die Menschen.
- Jüngere Leute sind eifersüchtiger als ältere, und in langjährigen Beziehungen gibt es weniger Eifersucht als in kürzeren.
- Frauen reagieren stärker als Männer, wenn sie gefragt werden, wie eifersüchtig sie wären, wenn ihr Partner untreu wäre.
- Männer suchen die Schuld für ihre Eifersucht eher bei anderen, Frauen mehr bei sich selbst.

♀♂

Falsche Hoffnungen

Frauen versuchen andere häufiger zu ändern als Männer

»Es ist ein Wunder, daß wir uns begegnet sind. Du hast alles, was ich an einem Mann ändern möchte.« Frauen investieren mehr als Männer Zeit und Energie darin, ihren Partner zu ändern. »Vielleicht ist der wirkliche Unterschied zwischen Männern und Frauen der, daß Männer den Unterschied verstehen und akzeptieren, während Frauen ihn nicht verstehen und wollen, daß die Männer sich ändern«, sagt der Psychologe Michael E. McGill.

Aus welcher Motivation heraus wollen Frauen andere ändern? Ist es Optimismus? Selbstgerechtigkeit? Die Vorstellung, daß Liebe alles überwindet? Daß Frösche sich in Prinzen verwandeln? Frauen werden zu Reformerinnen – die sich ständig an Hoffnung klammern –, weil sie sich für andere verantwortlich fühlen, gebraucht werden wollen, besser behandelt werden wollen, sich anderen näher fühlen wollen. Alles gute Gründe. Aber die Menschen ändern sich im allgemeinen nicht wegen der anderen; sie ändern sich, wenn sie dazu bereit sind – oder dazu inspiriert werden! Und leider steht dieses Fixiertsein auf die Veränderung des anderen oft dem Wunsch im Weg, sich von einem Verlierertyp zu trennen, sich selbst weiterzuentwickeln oder andere so zu akzeptieren, wie sie sind.

Im Gegensatz dazu nehmen Männer ihre Frauen meistens so, wie sie sind, und denken: »Was du siehst, ist das, was du bekommst!« Männer schauen auf die Fakten – »Wie stehen die Chancen, ihn/sie zu ändern?« – und folgern: »Nicht gut.« Männer lösen lieber konkrete Probleme. Andere ändern zu wollen, ist wie gegen den Strom schwimmen. Männer gehen lieber mit der Strömung, nicht nur weil es weniger stressig ist, sondern weil sie sich mehr mit sich selbst als mit anderen beschäftigen. Deshalb haben sie kein echtes Interesse daran, andere zu »bekehren«.

Viele Frauen *verargen* Männern ihr selbstbezogenes Verhalten und versuchen, sie zu Wesen umzumodeln, die ihnen ähnlich sind. Auf der anderen Seite verhalten sich viele Männer eher *unfreundlich* und verärgert, als daß sie Frauen zu verändern versuchen.

Worte für Weise

• Andere ändern zu wollen, ist im allgemeinen eine frustrierende Sache. Karl Menninger schreibt in seinem Buch *Liebe und Haß* über Frauen, die Männer »retten«: »Er fühlt sich zu ihr hingezogen, weil sie eine ›Retterin‹ ist; sie fühlt sich zu ihm hingezogen, weil sie jemanden braucht, den sie ›retten‹ kann. Wenn ihre Bemühungen nach anfänglichen Erfolgen nichts mehr bewirken, wie es meistens der Fall ist, hat sie sehr stark das Gefühl, eine Niederlage erlitten zu haben.«

• In *Männer – Was jede Frau wissen sollte* gibt Barbara DeAngelis »Hoffnungssüchtigen« folgenden Rat: »Um eine gesunde Beziehung mit einem Mann zu haben, muß man ihn lieben, wie er *jetzt* ist, nicht *obwohl* er heute so ist und *in der Hoffnung*, daß er morgen ein anderer sein wird.«

• Sonya Friedman schreibt in ihrem Buch *Männer zum Nachtisch*: »Wenn Sie sich einen Mann aussuchen, den Sie erst ›aufbauen‹ müssen, können Sie sich auf einiges gefaßt machen.«

Sind es die Gene?

• Die Zwillingsstudie: Forscher der University of Minnesota haben bei einer bahnbrechenden Studie über getrennt aufgewachsene Zwillinge festgestellt, daß zwischen 50 und 70 Prozent der Persönlichkeitsmerkmale ererbt werden. Dr. David T. Lykken, einer der Mitverfasser der Studie, meint dazu: »Das Umfeld formt Ihre Persönlichkeit, aber Ihre Gene bestimmen, welche Art von Umfeld Sie sich suchen.« Seine Gene kann man nicht ändern.

Kritik richtig formulieren

Angenommen, er kommt dauernd zu spät, ist furchtbar unordentlich oder hat von Tischmanieren noch nie etwas gehört. Dalma Heyn, die für die Zeitschrift *Mademoiselle* schreibt, hat ein paar Tips, wie man Männer ändern kann:

• Kritisieren Sie nur, was Sie am meisten kränkt oder ärgert.

• Präzisieren Sie, was genau er Ihrer Meinung nach ändern sollte.

• Ziehen Sie nicht über seinen Charakter her.

• Unterstützen Sie ihn mit Witz und Feingefühl darin, sich so zu verändern, wie Sie es sich wünschen.

♀♂

Der eine gibt, der andere nimmt

Frauen geben mehr als Männer

Geben ist für Frauen wie Atmen – also lebensnotwendig. Frauen geben viel und oft, weil sie sich auf andere konzentrieren; Fürsorglichkeit ist eine hochgeschätzte weibliche Tugend. Sie ist so sehr Teil ihrer Identität, daß Frauen damit häufig übertreiben. Anne Morrow Lindbergh sagt in ihrem Buch *Muscheln in meiner Hand*: »Wir [Frauen] werden traditionell dazu erzogen und sehnen uns instinktiv danach zu geben, wo etwas gebraucht wird – und das sofort. Seit Urzeiten holen Frauen das letzte Tröpfchen für die Durstigen aus sich heraus.«

Männer dagegen sind mit dem Geben sparsamer und achten mehr darauf, was sie dafür bekommen. »Die Frage, ob er ein Geber ist oder genug gibt, tangiert das Selbstbild eines Mannes gar nicht. Die wenigsten Männer sehen das Geben als einen wichtigen Punkt bei ihrem Kampf um Identität. Ihnen geht es viel mehr ums ›Machen‹. Bin ich ein Macher?« erläutert Jean Baker Miller in ihrem Buch *Die Stärke weiblicher Schwäche*.

Morton Shaevitz beschreibt Männer folgendermaßen: »Wir wissen noch nicht sicher, ob der Mangel an Fürsorglichkeit biologische Ursachen hat oder erlernt ist, aber Männer sind im allgemeinen weniger fürsorglich. Sie geben nicht so spontan. Sie sorgen oder kümmern sich nicht von Natur aus um andere. Das gilt im familiären Bereich wie am Arbeitsplatz.«

Wen stelle ich in den Mittelpunkt?

Wie viele Frauen auf ihrem Weg der Selbsterkenntnis erfahren haben, ist Geben nicht seliger denn Nehmen. Am besten ist, beides in ausgewogenem Maß zu tun. Geben und Nehmen hat in erster Linie damit zu tun, wen ich wichtiger nehme: Will ich wahrhaft geben, schaue ich auf den anderen. Will ich wahrhaft annehmen, schaue ich auf mich selbst.

• **Wie ist es bei Frauen?** Viele Frauen tun sich schwer, etwas emotional wirklich anzunehmen, weil sie nicht genug auf sich selbst schauen. Ein Beispiel: Ein Mann schenkt einer Frau ein Dutzend Rosen, und sie nimmt sie gar nicht richtig an, weil ihre Aufmerksamkeit in erster Linie ihm, dem Mann, gilt. Deshalb nimmt sie auch nicht wirklich die Botschaft in sich auf, die sie vermitteln sollen: Ich liebe dich; du bist mir wichtig. Die Rosen werden in eine Vase gestellt, und sie sagt: »Ach, sind die schön!«, aber sie hat sich nicht erlaubt, die tiefere Bedeutung zu spüren.

- **Wie ist es bei Männern?** Viele Männer geben nicht wahrhaft, weil sie dabei nicht genug auf andere schauen. Der Psychologe Michael E. McGill meint dazu: »Männer setzen Geschenke als Ausdrucksmittel für ihre Gefühle ein. Was ein Mann auch schenkt und welche Bedeutung er seinem Geschenk beimißt, Frauen erkennen dahinter sehr schnell ein durchgängiges Muster; er gibt selten etwas von sich selbst.«

Unangebrachtes Geben

- »Hinter gedankenlosem Geben und destruktiver Fürsorglichkeit können die verschiedensten Motive stecken, aber eines haben solche Fälle ohne Ausnahme gemeinsam: der ›Geber‹ reagiert, unter dem Deckmantel der Liebe, auf seine eigenen Bedürfnisse, ohne Rücksicht auf die spirituellen Bedürfnisse des Empfängers.« – M. Scott Peck, *Der wunderbare Weg*

Für Sie ganz persönlich

1. Geben Sie den Gebern, und nehmen Sie von den Nehmern.
2. Machen Sie sich mit den Tricks von Nehmern vertraut, mit denen sie Dinge zu bekommen versuchen.
3. Machen Sie sich mit den Tricks von Gebern vertraut, mit denen sie zu vermeiden versuchen, Dinge zu bekommen.
4. Nehmen Sie sich in acht vor den Schuldgefühlen der Nehmer und den Ressentiments der Geber.
5. Geber und Nehmer können voneinander lernen.

♀♂

Bei dreien ist einer zuviel

Männer tendieren stärker zur Polygamie als Frauen

Frauen sehnen sich meistens nach einer monogamen Beziehung, und Männer stufen Treue als weniger wichtig ein, auch wenn sie persönlich nicht fremdgehen. Warum?

Der Grund liegt möglicherweise in den Erbanlagen. »Die männliche Promiskuität ist ein Erbe unserer Evolutionsgeschichte. Es war sinnvoll, den Stamm bei jeder sich bietenden Gelegenheit zu vergrößern. Je größer die Zahl der Nachkommen, um so größer war auch die Chance, seine Gene an die nächste Generation weiterzugeben«, schreibt Anne Moir in *Brain-Sex*. »Promiskuität ist in den männlichen Genen kodiert und in der Schalttafel des männlichen Gehirns eingebaut.«

Allerdings wollen die Frauen von heute keine Steinzeithelden. Sie wollen treue Liebespartner – und wenn der polygam ist, leiden sie. Natürlich sind nicht alle Männer untreu. Viele sind loyale Gefährten, die nicht das Risiko eingehen wollen, ihre Partnerin wegen eines kurzen Abenteuers oder einer langen Affäre zu verlieren.

Aber Männer gehen häufiger fremd als Frauen. Nur wie oft sie das tun, wissen wir nicht genau. Die statistischen Zahlen gehen da sehr auseinander – dem Kinsey-Report von 1990 zufolge sind 37 Prozent der Männer und 29 Prozent der Frauen untreu, während eine Umfrage der University of Chicago ergab, daß 70 Prozent der Männer und 30 Prozent der Frauen bereits einmal eine Affäre gehabt haben. Eines der Probleme bei solchen Untersuchungen ist, schreibt die Journalistin Susan Barbieri, daß dazu »wahrheitsgemäße Antworten gehören, und zu Untreue gehört nun einmal Betrug«.

Warum wird fremdgegangen?

Nach einer Umfrage in *USA Today* gehen viele der untreuen Frauen fremd, weil ihr Mann emotional unzugänglich und zu sehr mit seiner Arbeit beschäftigt ist: »Ich wollte mehr Zärtlichkeit und Gemeinsamkeit und Liebe.« Sowohl Frauen wie Männer führen als Grund für eine Affäre an, daß es im Bett langweilig geworden war oder gar nichts mehr stattfand.

Dreiecksverhältnisse

»Drei Menschen lieben ihn – ich liebe ihn, sie liebt ihn, und er liebt sich.« So die Klage von Frauen, die sich in einem Dreiecksverhältnis mit der Geliebten ihres Mannes gefangen sehen. Der Mann genießt es natürlich, im Mittelpunkt der Aufmerksamkeit zu stehen. Wenn die Frauen voneinander wissen, machen sich meist beide Hoffnungen: »Wahrscheinlich wird er sie sitzenlassen, und nicht mich.« Manche Männer halten zwei Frauen so lange hin, bis eine sich auf die Hinterbeine stellt. »Ich bin offen zu beiden. Es ist ihre Sache, sich von mir zu trennen, wenn ihnen die Situation nicht paßt. Wenn es nach mir ginge, sollten sie *Freundinnen* sein.« (Ich habe das einen Mann tatsächlich sagen hören – in Oprah Winfreys Talkshow.) Frauen spielen ein solches Spiel viel, viel seltener.

Außereheliche Tatsachen

• »Monogamie ist bei Säugetieren selten, bei Primaten fast unbekannt, und sie scheint eine relativ neue Erfindung bestimmter menschlicher Kulturen zu sein.« – David Barash, Zoologe

• »Von 116 Gesellschaften, die im Zuge einer interkulturellen Studie untersucht wurden, standen 65 Prozent einem Ehebruch durch den Mann toleranter gegenüber als bei der Frau; keine einzige tolerierte einen Ehebruch durch die Frau mehr als beim Mann.« – Michael Hutchison, *Megabrain*.

• Einer Studie von 1990 zufolge heißt es, daß 51 Prozent der Männer beim Sex an jemand anderen denken, während es bei Frauen nur 37 Prozent sind.

Sagt er, sagt sie

• **Sylvester Stallone:** »Männer gehen manchmal aus den unsinnigsten Gründen fremd. Das hat nichts damit zu tun, daß sie ihren Frauen weh tun möchten, aber die Beziehung bekommt trotzdem einen ganz großen Knacks.«

• **Joyce Brothers:** »Die Untreue einer Frau ist für die Ehe eine größere Bedrohung als die des Mannes. Männer reagieren mit Wut, Eifersucht und manchmal körperlicher Gewalt, wenn sie erfahren, daß ihnen ihre Frau untreu war... Das männliche Ego ist viel stärker verletzt als das der Frau, wenn sie entdeckt, daß ihr Mann sie betrogen hat.«

♀♂

Gewalt in der Partnerschaft

Frauen in gestörten Beziehungen sind eher masochistisch, Männer mehr sadistisch

»Er schlägt mich.« »Warum verläßt du ihn nicht?« »Ich kann nicht.« Viele Frauen kommen mit einer ganzen Sammlung von schlimmen Erlebnissen in die Therapie. Den Justizbehörden zufolge erfahren über 50 Prozent aller Frauen irgendwann im Leben Gewalt in einer intimen Beziehung, und 24–30 Prozent werden regelmäßig und immer wieder geschlagen.

Mißhandelte Frauen können ihre schlimme Lage oft sehr gut beschreiben, und trotzdem sind sie gleichzeitig sehr schnell bereit, ihrem Peiniger zu verzeihen. Solche Frauen sind extrem auf andere bezogen, passiv und masochistisch. Früher hat man das Wort »masochistisch« ausschließlich im Zusammenhang mit Sexualität benützt. Heute wird es allgemeiner und auf alle Menschen angewendet, die irgendeine Form von Mißhandlung oder Mißbrauch hinnehmen. Die Schriftstellerin Erica Jong sagt: »Wie viele erfolgreiche Frauen halten nicht jahrelang in zerstörerischen Beziehungen aus, wo Masochismus und schlimmster Mißbrauch sich gegenseitig nähren? Wie viele Frauen füttern nicht die Hand, die sie schlägt? Natürlich tun es auch Männer – aber unter Frauen scheint es geradezu eine Epidemie zu sein.«

Frauen halten aus vielerlei Gründen in destruktiven Beziehungen aus: Weil sie finanziell vom Partner abhängig sind. Weil sie Angst haben, etwas zu ändern. Weil sie Angst haben, ihre Kinder allein aufzuziehen. Weil sie sich vielleicht aufgrund ihrer Lebensgeschichte, wo Mißhandlungen und Mißbrauch häufig vorkamen, eine Beziehung ohne Leiden gar nicht vorstellen können. Weil sie vielleicht denken, Gewalt sei eine angemessene Reaktion auf ihr Verhalten. Das ist sie nicht. Allein der Gewalttäter ist dafür verantwortlich.

Portrait eines Gewalttäters

Viele Schläger haben eine Dr. Jekyll/Mr. Hyde-Persönlichkeit. Sie sind wie zwei ganz verschiedene Menschen – nett in der einen Minute, grausam in der nächsten. »Der Schläger kann entweder sehr, sehr freundlich sein oder sehr, sehr brutal. Außerdem kann er zwischen den beiden

Persönlichkeiten mit der Gewandtheit eines Verwandlungskünstlers hin- und herspringen. Aber im Gegensatz zum Psychopathen hat er ein Schuldbewußtsein und schämt sich seiner unkontrollierten Taten. Wenn er damit aufhören könnte, Gewalt anzuwenden, würde er es tun«, schreibt Lenore E. Walker in ihrer Untersuchung über Gewalt in der Ehe.

Der »Männer sind überlegen«-Mythos

Warum Männer gewalttätig sind, hat komplizierte Ursachen. »Forschungsergebnisse weisen darauf hin, daß um die 60 Prozent der gewalttätigen Männer in Familien aufgewachsen sind, wo sie selbst geschlagen wurden oder miterlebten, wie ein Elternteil geschlagen wurde. Aber was ist mit den anderen 40 Prozent?« fragt der amerikanische »Bund gegen Gewalt in der Familie«.

In vielen Fällen »meint der Gewalttäter, daß er, sobald es um seine Frau geht, niemandem Rechenschaft schuldig ist. Ob bewußt oder unbewußt, er hat die Einstellung verinnerlicht, daß Männer den Frauen überlegen sind, und daß ›seine‹ Frau dazu da ist, ihm zu gehorchen und seine Bedürfnisse zu befriedigen. Er betrachtet Gewaltanwendung als ein legitimes Mittel, um sich Autorität zu verschaffen«, schreibt die Journalistin Joy Zimmerman.

Ein Ansatzpunkt

• Wenn Sie geschlagen werden, gibt's nur eins: Raus aus der Situation! Eine Studie nach der anderen zeigt, daß die Mißhandlungen ohne Intervention von außen nicht aufhören, egal was Sie tun. In den meisten größeren Städten gibt es inzwischen Frauenhäuser. Näheres erfahren Sie bei den örtlichen Beratungsstellen für Frauen oder beim Frauennotruf.

♀♂

Sex – das Thema Nr. 1

Männer wollen in der Partnerschaft mehr Sex, Frauen mehr Liebe

Erinnern Sie sich noch an die witzige Szene in dem Film *Der Stadtneurotiker*, wo der Therapeut eine Klientin fragt: »Wie oft schlafen Sie mit Ihrem Partner?«, und sie antwortet: »Pausenlos, dreimal die Woche.« Darauf der Therapeut: »Dreimal die Woche? So gut wie nie also.« Das Problem gibt es nicht nur im Film. Eine 1988 unter 289 Sextherapeuten durchgeführte Umfrage hat erbracht, daß das Problem Nummer eins bei Paaren eine Diskrepanz bei der Lust auf Sex ist und die Männer häufiger Sex wollen als Frauen.

Der landläufigen Meinung nach betrachten Männer, mehr als Frauen, Sex eher als körperliche Entspannung, als angenehmen Zeitvertreib. »Bei Männern ist der Wunsch nach sexueller Betätigung wie ein Juckreiz, der immer stärker wird, so daß man sich schließlich kratzen muß; bei Frauen ist die Lust auf Sex eher gedämpft und muß erst geweckt werden«, schreibt Paula M. Siegel in *Self*.

Der Wunsch nach mehr Sex ist ein vorrangig männliches Problem, während Frauen sich eher mehr Liebe – Zuneigung, Nähe – wünschen. »Frauen wollen vor dem Sex Liebe spüren, und Männer empfinden nach dem Sex eine größere Nähe«, schreibt die Autorin Diane Kramer.

Außerdem machen sich Männer, mehr als Frauen, Sorgen um ihre Leistung im Bett: Habe ich ihr einen Orgasmus verschafft? War ich nicht zu schnell? Bernie Zilbergeld schreibt in *Männliche Sexualität*: »Die Männer sind hereingelegt worden. Sie haben unrealistische, eigentlich übermenschliche Normen übernommen, an denen sie ihre Ausstattung, Leistung und Befriedigung messen.«

Der Unterschied, der den Unterschied macht

- »Bei Frauen wird Testosteron hauptsächlich in der Pubertät in begrenzter Menge gebildet, wenn die körpereigene Produktion erstmals einsetzt. Männer produzieren erhebliche Mengen davon bereits im Embryonalstadium sowie während und nach der Adoleszenz. Wir vermuten, daß der frühe Kontakt mit Testosteron das Gehirn für dieses Hormon später empfänglicher macht und einen stärkeren, konstanteren

Sexualtrieb zur Folge hat«, sagt Patricia Schreiner-Engel vom Mount Sinai Lehrkrankenhaus in New York City.

Die Sexperten

• Dr. Ruth Westheimer: »Es ist ganz normal, daß Paare unterschiedlich viel Lust auf Sex haben.« Westheimer empfiehlt, Männer sollten Frauen öfter einmal in die Arme nehmen und küssen, wenn sie es möchten, und Frauen sollten Männern den sexuellen Genuß geben, den sie möchten, »selbst wenn Ihnen nicht so sehr danach ist«. Sie glaubt, daß »Kompromisse die Lösung sind, wenn der Sexualtrieb unterschiedlich stark ist«.
• Harry Stein, Verleger: »Der Unterschied zwischen dem männlichen und dem weiblichen Sexualtrieb entspricht oft ungefähr dem, ob ich eine Pistolenkugel abschieße oder mit der Hand werfe.«

Sextatsachen

Dem Magazin *Self* zufolge:
• braucht ein Mann etwa 30 Minuten, bis er nach dem Liebesakt wieder erregt wird; bei Frauen kann die Erregung sofort wieder dasein.
• erreichen Männer den Höhepunkt ihrer sexuellen Potenz mit 20 Jahren, Frauen mit 35 Jahren.
• neigen Männer häufiger dazu, es als Signal für sexuelle Verfügbarkeit mißzuverstehen, wenn eine Frau freundlich ist.

Zur Vertiefung des Themas

• *Sexualität im Leben der Frau* von Sheila Kitzinger
• *Männliche Sexualität* von Bernie Zilbergeld

Freund & Feind

♀♂

Freundschaft schließen

Frauen haben mehr enge Freunde als Männer

Es gibt eine alte Redensart: »Männer sind die besseren Gefährten beim Angeln, aber Frauen sind bessere Freunde.« Enge Beziehungen machen für Frauen das Leben aus. Ihre Freundschaften sind enger, intensiver und gefühlvoller als bei Männern. Sie können Freundinnen ihre Zuneigung leicht zeigen und teilen gerne ihre Gedanken und Gefühle mit ihnen, was Männer eher zurückhalten. »Meine Frage, ob sie eine beste Freundin hätten, wurde von fast allen Frauen bejaht, während Männer auf die Frage nach einem Freund oft mit Schweigen reagierten«, sagt Lillian Rubin.

Über ihre Schwachpunkte zu reden bringt die Menschen einander näher. Da die Beziehungen von Männern aber vorwiegend durch Konkurrenz geprägt sind, kann es einem Schuß nach hinten gleichkommen, seine Schwächen zu zeigen. Viele Männer denken: »Wenn ich einem Mann von meinen privaten Problemen erzähle, könnte er es gegen mich verwenden.« Männer sind anderen Männern gegenüber eher mißtrauisch, nicht so aufgeschlossen und gefühlvoll wie Frauen. An erster Stelle steht der Schutz des eigenen Egos. »Was im allgemeinen zwischen Männern abläuft, bezeichne ich mit dem Begriff ›Momente der Intimität‹. Gefühlsmäßige Offenheit kommt sehr selten und nur unter ganz besonderen Umständen vor«, meinte der Psychologe Morton Shaevitz.

Und dann ist da noch die Homophobie. Manche Männer haben wirklich Angst, als schwul angesehen zu werden, wenn sie anderen Männern ihre Gefühle offen zeigen. Der Schriftsteller Perry Garfinkel sagt dazu: »Die Homophobie ist das größte Hindernis für engere und vertrautere Beziehungen unter Männern ... Die Angst davor – bei anderen, bei sich selbst – läßt sie zweimal nachdenken, bevor sie den anderen Mann mit einer Spur mehr Zärtlichkeit berühren als bei einer betont kumpelhaften Umarmung oder einem schnellen Schulterklopfen. Sie läßt Männer bei einem etwas zu langen Blick die Augen abwenden.«

Des Mannes bester Freund

Es heißt ja oft, des Mannes bester Freund sei sein Hund. Stimmt gar nicht! Bei einer Umfrage der Zeitschrift *Men's Life* gaben 90 Prozent der verheirateten Männer an, ihre Frau sei ihr bester Freund. Das bestätigt Anne Wilson Schaef in ihrem Buch *Weibliche Wirklichkeit*: »Viele der Männer, die bei mir in Therapie sind, sagen, daß sie niemanden außer ihrer Frau haben, mit dem sie wirklich offen über sich selbst reden können. Die Frauen dagegen haben fast immer mindestens eine sehr enge Freundin.«

Ein Fakt der Freundschaft

Eine am University College of Los Angeles durchgeführte Studie hat erbracht, daß ältere Männer beim Tod eines nahen Angehörigen (nicht des Ehepartners) viel mehr unter Depressionen leiden als Frauen. Die Forscherin Judith M. Siegel vermutet den Grund darin, daß Männer weniger enge Freunde haben, an die sie sich wenden können.

Veränderungen in Sicht?

Werden Jungen nicht dazu gedrängt, richtig harte Burschen und absolut unabhängig zu sein, dann gehen sie genauso enge Freundschaften ein wie Mädchen, heißt es in einer neuen Studie, die in der Zeitschrift *American Health* veröffentlicht wurde. Im Zuge dieser Studie wurde festgestellt, daß sensible Jungen »mit einer gesunden Portion männlicher und weiblicher Charakterzüge« männlichen Freunden mehr vertrauen und sich ihnen näher fühlen als kleine »Machos«. Der Forscher Gerald Jones meint dazu: »Um bei Ihrem kleinen Sohn die Seiten zu fördern, die für Freundschaften wichtig sind, sollten Sie ihn loben, wenn er Interesse für die Gefühle anderer Menschen zeigt.«

Zur Vertiefung des Themas

Männerfreundschaft von Stuart Miller ist das Ergebnis von fast tausend Interviews mit Männern. Das Buch lädt Männer dazu ein, die Barrieren zu überwinden, die eine wahre Freundschaft verhindern.

♀♂

Der Mann ist ein Herdentier

Männer fühlen sich bei Gruppenaktivitäten wohler als Frauen

»Mensch, laß uns doch alle zusammen was unternehmen!« Fußball im Fernsehen, Basketball im Stadtpark, Volleyball am Strand, Ausflüge zum Fischen und Jagen, Trekking in weglosen Bergregionen, Motorradtreffen im Grünen, Autorennen auf der Hauptstraße und In-der-Kneipe-einen-heben sind nur ein paar der Aktivitäten, bei denen Männer sich zusammenfinden. Dan Zevin fragt in der Zeitschrift *Self*: »Warum müssen Männer immer irgendwo hingehen oder etwas tun, wenn sie sich treffen? Warum können sie sich nicht einfach zusammensetzen und reden, wie Frauen es machen?« Weil Männer weniger verbal orientiert sind!

Mit anderen Männern etwas unternehmen oder darüber reden, etwas zu tun, ist der Mittelweg zwischen Isolation und Intimität, den viele Männer vorziehen – man denke nur an die Studentenverbindungen, Geheimgesellschaften und Männerclubs. Kamreradschaft unter Männern hat sogar einen Namen, nämlich »male bonding« (»Männerfreundschaft«), ein Ende der 60er Jahre von dem Anthropologen Lionel Tiger von der Rutgers University geprägter Begriff. Nach Ansicht von Tiger haben solche Freundschaften mit einem starken Bündnisaspekt biologische Wurzeln, die in prähistorischer Zeit liegen, »als Männer gruppenweise jagten und Nahrung sammelten, damit sie ihren Familienverband verteidigen konnten«. Männer, die zu solchen Bündnissen bereit und fähig waren, dominierten über die, bei denen das nicht der Fall war, und hatten damit auf längere Sicht einen genetischen Vorteil.

Männer, sagt Lionel Tiger, gehen in unterschiedlichen Situationen solche Beziehungen ein – zum Beispiel wenn es um Macht, Stärke und gefährliche Aufgaben geht – und »schließen Frauen aus diesen Bündnissen bewußt und emotional aus«.

Frauen ziehen im allgemeinen ein Zusammensein zu zweit (oder in einer kleinen, vertrauten Gruppe) Aktivitäten mit einer größeren Gruppe vor. Wenn Frauen sich treffen, dann normalerweise zum Reden – man denke nur an Kaffeeklatsch. Frauen erzählen sich Geheimnisse, tauschen sich über Gefühle und private Probleme aus.

Stammestreffen

Die neuesten Rituale der Männerfreundschaft finden sich in der Männerbewegung, die eine kunterbunte Mischung aus Vorträgen, Retreats und wöchentlichen Gruppentreffen anbietet. Dort beginnen Männer andere Beziehungen aufzubauen als die herkömmlichen. Typisch für solche Treffen ist, daß die Männer zusammen trommeln, tanzen, wolfsähnliche Heullaute von sich geben, chanten, in Schwitzhütten sitzen und einander Geschichten erzählen. Werden diese Gruppen die herkömmlichen Formen der Männerbeziehung ersetzen? Das wird sich noch herausstellen.

Jungen und Mädchen beim Spiel

Die Wissenschaftlerinnen Eleanor Maccoby und Carol Jacklin von der Stanford University haben Gruppen von Jungen und Gruppen von Mädchen beim Spielen umfassend untersucht. Hier einige ihrer Erkenntnisse:

- Beide Geschlechter ziehen Spielgefährten desselben Geschlechts vor.
- Mädchen fühlen sich bei den Balgereien von Jungen unwohl und finden es schwierig, sie zu anderen Spielformen zu bewegen.
- Jungen in Gruppen machen lieber Krach und blödeln herum, während Mädchen eher ernsthafter sind.
- Jungen sind Dominanz und Wettbewerb wichtiger als Mädchen.
- Jungen beschimpfen sich häufiger und unterbrechen sich gegenseitig mehr.
- Mädchen in reinen Mädchengruppen zeigen häufiger mehr Einigkeit untereinander.
- Mädchen machen Pausen, damit auch andere Gelegenheit haben, etwas zu sagen; Jungen setzen die Sprache dazu ein, ihr Revier zu verteidigen und sich einen bestimmten Status zu verschaffen.
- Jungengruppen sind hierarchischer aufgebaut als Mädchengruppen.

♀♂

Vertrauen ist so eine Sache

Männer vertrauen anderen weniger als Frauen

»Ich vertraue ihm nicht.« Männer tun sich schwer, anderen Männern zu vertrauen, weil ihre Beziehungen so sehr von Konkurrenz geprägt sind. Da jeder Mann sich dadurch beweist, daß er seine Leistung an der anderer Männer mißt, bekommt er leicht das Gefühl, daß er nur sich selbst vertrauen kann. Perry Garfinkel schreibt: »In einer wettbewerbsorientierten Umgebung gibt es nur wenige Männer, denen du vertrauen kannst. Diese Lektion haben Männer sehr gut gelernt.«

»Damit sich Vertrauen entwickeln kann, muß man etwas von sich zeigen; damit man etwas von sich zeigen kann, muß Vertrauen dasein«, sagt der Psychologe Michael McGill. Männer verbergen nur allzuoft ihre innersten Gedanken und Gefühle vor anderen. Dieses Verhalten führt zu Mißtrauen, denn wie kann man jemandem vertrauen, den man nicht gut kennt?

Zu Frauen haben Männer meistens mehr Vertrauen. Der Psychologe Ken Druck schreibt: »Männer fühlen sich sicherer, wenn sie mit einer Frau über ihre Ängste und Unsicherheiten reden, als bei einem Mann. Wir [Männer] nehmen Frauen als liebevoller und vertrauenswürdiger wahr als andere Männer.«

Frauen mit ihrem weniger ausgeprägten Konkurrenzverhalten und ihrer größeren Fähigkeit, über Gefühle zu reden, haben viel weniger Probleme mit dem Vertrauen. Vertrauen ist ein wirklich wichtiger Faktor in ihren Beziehungen. Es hilft ihnen zu bekommen, was sie brauchen – Intimität, Anerkennung und Liebe. Frauen wissen instinktiv, daß Vertrauen eine Beziehung stärkt und Mißtrauen der Nähe schadet. Deshalb können Frauen andere auch nicht so gut täuschen. Anne Campbell schreibt dazu: »Die Offenheit von Frauen spiegelt sich in dem Umstand wider, daß sie andere nicht sonderlich gut täuschen können: Wenn sie eine Emotion unterdrücken sollen, lassen Frauen ihre wahren Gefühle mehr ›durchsickern‹ als Männer.«

Sind Frauen leichtgläubiger?

»Wie konnte sie nur auf diese Masche hereinfallen?« Manche Frauen sind zu vertrauensselig; sie werden leicht hintergangen, beschwindelt und betrogen. Anne Campbell meint dazu: »Frauen können zwar die Gefühle anderer besser erspüren als Männer, wenn sie nicht gespielt sind, erkennen aber nicht so gut, wann sie getäuscht werden. Sie konzentrieren sich mehr auf das Gesicht (das Lügner relativ gut unter Kontrolle haben), gefolgt vom Körper und dann der Stimme.« Männer sind weniger leicht hinters Licht zu führen, weil sie von vorneherein mißtrauischer sind und Leichtgläubigkeit bei anderen auch nicht gerade schätzen.

Rendezvouspartner im Visier

»Hast du das von Melanie gehört? Sie hat Daniel von einem Privatdetektiv beobachten lassen!« Nicht alle Frauen sind leichtgläubig. Nach einer in *USA Today* veröffentlichten Statistik sind im Jahre 1989 über 19000 Privatdetektive mit Überwachungen beauftragt worden, das ist eine zehnprozentige Steigerung gegenüber 1987. Auftraggeber dieser »Durchleuchte-deinen-Rendezvouspartner-Aktionen« waren zum größten Teil – über 80 Prozent – alleinstehende berufstätige Frauen von Ende Zwanzig bis Ende Vierzig.

Warum wird gelogen?

Untersuchungen lassen erkennen, daß Frauen am häufigsten lügen, um anderer Leute Gefühle nicht zu verletzen, während Männer lügen, um ihr Selbstwertgefühl zu stärken. »Eine Frau lügt, wenn sie zu jemandem sagt, ihr gefalle etwas, was ihr nicht gefällt; ein Mann lügt, wenn er behauptet, besser zu sein, als er ist«, sagt Michael Lewis, Psychologieprofessor an der Rutgers University.

Lügner entlarven

Für diejenigen, die es satt haben, immer wieder angelogen zu werden, hat William J. Majeski, ein Ex-Kriminalbeamter der Stadt New York, eine Fünf-Punkte-Methode entwickelt, anhand der Sie feststellen können, wer lügt und wer nicht. Dazu gehört:

1. Gesichtsausdruck, Gestik und Körpersprache beobachten;
2. auf den Inhalt des Gesagten und auf Lautsignale hören, wie z.B. eine plötzlich höhere oder tiefere Stimme;
3. diese Signale mit dem Gesagten abgleichen;
4. analysieren, was gesagt wird, während es gesagt wird;
5. tiefergehende Fragen stellen, um die Wahrheit herauszubekommen.

♀♂

Mit aggressiven Grüßen

Männer sind anderen gegenüber aggressiver als Frauen

»Ein *richtiger* Mann ist aggressiv.« In der Tat ist der Kult des harten Burschen praktisch ein Synonym für Männlichkeit geworden. Die männlichen Helden im modernen Film, in Fernsehen und Romanen kämpfen aggressiv für ihre Überzeugungen. Denken Sie nur an Rambo, John Wayne, Rocky. Allerdings hat diese Aggressivität oft fatale Folgen. Wie in der Zeitschrift *Omni* zu lesen war, »sterben dreimal so viele Männer wie Frauen (die wenig Drang verspüren, irgendwelche ›Macho‹-Normen zu erfüllen) durch Unfall, Mord und Selbstmord«.

Natürlich können auch Frauen aggressiv sein. Manche wenden psychische Gewalt an, wenn sie sehr verärgert sind oder sich zurückgewiesen fühlen. Andere drücken sich in ihrer Sprache aggressiv aus. Allerdings wird diese Art von Aggressivität sozial viel weniger akzeptiert. Die Psychologin Mary Kay Biaggio hat festgestellt, daß »Frauen wegen aggressiver Impulse eher Schuldgefühle und Angst empfinden. Männer werden mehr darin bestärkt, solchen Impulsen Ausdruck zu geben.«

Studien, Studien

• **Es ist universell:** »Der Geschlechtsunterschied in der Aggressivität ist bei allen Kulturen zu beobachten... Jungen sind sowohl körperlich wie verbal aggressiver. Sie zeigen abgeschwächte Formen der Aggression (Scheinkämpfe, aggressive Phantasien) ebenso wie die direkte Aggression häufiger als Mädchen.« – Maccoby und Jacklin, Forscherinnen an der Stanford University.

• **Es ist angeboren:** »Verfechter des kulturellen Determinismus behaupten beharrlich, das männlich-aggressive Verhalten sei die Folge irgendeiner universellen Erziehung auf die geschlechtsspezifische Rolle hin und habe weniger mit Biologie zu tun. Diese Position läßt sich aber nur schwer verteidigen, nachdem Untersuchungen wie die von Annelise Korner gezeigt haben, daß selbst neugeborene männliche Babys, die ja noch keine geschlechtsspezifische Prägung haben erfahren können, eine größere Aggressivität an den Tag legen [als weibliche Babys].« – Michael Hutchison, *Megabrain*.

• **Es ist erziehungsbedingt:** 1991 beim Kongreß des Amerikanischen Anthropologenverbandes vorgelegte Studien belegen, daß Frauen in Gesellschaften, wo es sozial akzeptiert wird, ein großes Potential an körperlicher Aggressivität zeigen. Carol Lauer hat in einer Studie 160 Vorschulkinder in den USA und in Israel untersucht. Sie stellte fest, daß die amerikanischen Mädchen viel seltener Raufereien anfingen als ihre männlichen Altersgenossen, die israelischen Mädchen hingegen etwa 20 Prozent häufiger körperlich aggressiv wurden als die amerikanischen Jungen (aber weniger häufig als die israelischen Jungen). »Mädchen und Jungen folgen kulturellen Diktaten, die stärker sein können als alle genetischen Einflüsse«, meint sie abschließend.

Die Testosteron-Connection

• **Das männliche Gehirn ist auf Aggression eingestellt:** Die Autoren von *Brain Sex* meinen dazu: »Die auf ein entsprechend prädisponiertes männliches Gehirn einwirkenden männlichen Hormone sind die Wurzel der Aggressivität. Umgekehrt spielen die Hormone auch eine wichtige Rolle dabei, daß Frauen zum weniger aggressiven Geschlecht werden. Östrogen zum Beispiel wirkt sich auf das Aggressionshormon Testosteron neutralisierend aus.«

• **Neueste Erkenntnisse:** John McKinlay, Psychologe am New England Research Institute, hat 1700 Männer im Alter von 40 bis 70 Jahren untersucht. »Wir haben festgestellt, daß ein höherer Testosteronspiegel bei Männern mit einem Persönlichkeitsprofil korreliert, das im allgemeinen einen energischeren, aggressiveren und dominanteren Charakter zeigt als bei Männern mit einem niedrigeren Testosteronspiegel.«

• Zukunftsmusik?: James Dabbs von der University of Georgia versucht herauszufinden, ob irgendein Zusammenhang besteht zwischen Testosteron und der Berufswahl. Er hat mit Hilfe eines Speicheltests den Testosteronspiegel gemessen und dabei festgestellt, daß er bei Schauspielern höher ist als bei Priestern, bei männlichen Anwälten für Strafsachen höher als bei anderen Anwälten.

Statistiken des *Time Magazine*

• Auf eine Frau, die eine Gefängnisstrafe absitzt, kommen fast 17 Männer.

• Gefängnisdirektoren, die mit Insassen beiderlei Geschlechts zu tun haben, berichten übereinstimmend, daß Frauen weit weniger aggressiv und gewalttätig sind.

• Mit 18 Jahren hat der durchschnittliche Amerikaner im Fernsehen 40 000 Mordversuche und 250 000 Gewalttaten gesehen.

♀♂

Konflikte mit der Waffe regeln

Frauen führen keine Kriege, Männer schon

»Die stolzen amerikanischen Flieger-Asse patrouillieren am Himmel über dem Persischen Golf, und es kribbelt ihnen in den Fingern, sich einen Vorgeschmack auf den Kampf zu holen«, schreibt *USA Today* am 17. August 1990. (Achten Sie auf die Sprache – das *muß* ein Mann geschrieben haben.)

Männer sind zu allen Zeiten und in allen Kulturen die gewesen, die Krieg führen (die mythischen Amazonen sind nur die Ausnahme, die die Regel bestätigt). Das männliche Streben nach Respekt, Macht und Geld und dazu eine gute Dosis Testosteron bringen ganze Nationen dazu, andere Länder anzugreifen, sich gegen Aggressoren zur Wehr zu setzen und hohe Ideale zu verteidigen. Anthony Stevens schreibt: »Die Evolution hat die Männer zu Experten in der Kunst der Gruppengewalt gemacht, während Frauen zu Expertinnen in der Kunst wurden, Leben hervorzubringen und zu erhalten.« Stevens zufolge könnte Krieg ein Auswuchs von gemeinsam geübtem Jagdverhalten sein. Vielleicht ist Krieg sogar ein biologischer Imperativ, »wie unsere Fähigkeiten, sexuelle Beziehungen einzugehen und für unsere Nachkommen zu sorgen«.

Die mehr auf andere bezogenen Eigenschaften von Frauen fördern den Frieden, denn das Bedürfnis, für andere zu sorgen und ihnen nah zu sein, steht in eklatantem Widerspruch zum Krieg. Natürlich unterstützen auch manche Frauen Männer, die in den Krieg ziehen, und bei den Streitkräften arbeiten heute viele Frauen. Bei Meinungsumfragen aber sind die meisten Frauen gegen militärische Abenteuer. »Eine sehr breite und tiefe Kluft zwischen den Geschlechtern hat sich [in den USA] während des Golfkriegs aufgetan. 73 Prozent der Frauen geben bei einer Umfrage an, sie seien gegen einen Krieg zur Befreiung Kuwaits. Nur 48 Prozent der Männer sind der gleichen Meinung«, berichtete die Kolumnistin Ellen Goodman, während des Golfkrieges.

Die martialische Anatomie der Männer

Männer sind körperlich besser für den Krieg gerüstet als Frauen. Männer können in der Regel schneller laufen, höher springen und weiter werfen. Männer schlagen und treffen schneller. Männer packen doppelt so fest zu wie Frauen. Männer haben im allgemeinen längere Knochen mit mehr Knorpeln in den Gelenken, breitere Schultern und ein schmaleres Becken. Männer scheiden Stoffwechselprodukte wie Milchsäure besser aus, ihr Blut enthält mehr Hämoglobin und kann mehr Sauerstoff transportieren.

Angesichts dieser und anderer Unterschiede fällt es schwer, den Gedanken ganz zu verwerfen, daß das unterschiedliche Aggressionsverhalten zumindest »teilweise physiologisch begründet« ist, schreibt Michael Hutchison in *Megabrain*. Daher, meint er abschließend, »werden letztlich mehr Frauen in der Regierung sitzen müssen, wenn es zu einer umfassenden Abrüstung kommen soll«.

Heute Kampf, morgen Tod

»Da sie die Hauptopfer des hochtechnisierten Krieges sind, müssen Männer sich diesem unaufhörlichen Gemetzel entgegenstellen. Die Männer müssen erkennen, daß die traditionelle männliche Vorstellung vom edlen Krieger in diesem technologischen Alptraum der modernen Kriegsführung unterminiert und karikiert wird«, schreibt der Journalist Andrew Kimbrell.

Kommentare zum Thema Kampf

• »Die alte Vorstellung von Männlichkeit – daß Männer am männlichsten sind, wenn sie einen Volltreffer landen, ob im Geschäftsleben oder auf dem Schlachtfeld – zerstört eindeutig die ganze Struktur unserer Gesellschaft.« – Sam Keen, Psychologe

• »Frauen leiden nicht unter dem gefürchteten ›Feiglingsfaktor‹. Wenn sie für den Frieden eintreten, ist ihr Frausein dadurch nicht gefährdet.« – Ruth Rosen, Kolumnistin

• »Denkt nie, ein Krieg sei kein Verbrechen, wie notwendig oder berechtigt er auch sein mag.« – Ernest Hemingway, *Wem die Stunde schlägt*

Zur Vertiefung des Themas

• Sehr lesenswert ist *Bilder des Bösen. Wie man sich Feinde macht* von Sam Keen.

• Schauen Sie sich die Filme *Platoon* (hat 1987 u. a. den Oscar für die beste Regie bekommen) und *Geboren am 4. Juli* an. Durchaus nicht alle Männer sind für Krieg.

Von Kopf bis Fuß

♀♂

Körpersprache

Die weibliche Körpersprache sucht mehr Kontakt zu anderen als die männliche

Die Körpersprache ist der Große Kommunikator. Sie ist oft ehrlicher als die gesprochene Sprache. Wenn Sie die Haltung der Leute beobachten, werden Sie sehen, wie Frauen sich oft zu ihrem Gegenüber hinbeugen, während Männer sich eher wegbeugen. Diese Beobachtung ist einer der besten Beweise dafür, daß Frauen mehr auf andere bezogen sind als Männer. Sich zu jemand hinbeugen ist eine unbewußte Geste der Verbundenheit, während es eine psychische Distanzierung widerspiegelt, wenn man auf Einhaltung einer körperlichen Distanz achtet. Das ist aber nicht der einzige Unterschied in der Körpersprache der Geschlechter.

Die Körperhaltung bei Mann und Frau

Die Psychologin Shirley Weitz nennt in ihrem Buch über nonverbale Kommunikation einige Studien zum Thema Körpersprache und stellt fest:

- Männer sind in Körperhaltung und Bewegung raumgreifender; Frauen nehmen sich weniger Raum, was für Menschen mit niedrigerem Status und weniger Macht charakteristisch ist.
- Frauen bewegen beim Sprechen meist kleinere Körperteile – Kopf, Hände, Füße. Sie stocken in der Bewegung öfter am Ellbogen, an Handgelenk und Knöcheln. Sie nehmen insgesamt eine engere Körperhaltung ein. Männer bewegen eher größere Körperteile. Sie machen öfter Bewegungen mit dem ganzen Arm, ohne am Ellbogen, Handgelenk oder den Knöcheln abzustoppen. Sie nehmen insgesamt eine breitere Körperhaltung ein.
- Frauen orientieren sich mehr zum Gesprächspartner hin.
- Frauen bewegen sich freier, wenn sie mit anderen Frauen zusammen sind. Bei Männern nehmen sie eine engere Körperhaltung ein. Männer verhalten sich Männern und Frauen gegenüber gleich.
- Bei Männern kommen Phasen völliger Reglosigkeit häufiger vor.

Im Restaurant

Seit über 15 Jahren beobachte ich die Körpersprache der anderen Gäste, wenn ich essen gehe. Dabei ist mir folgendes aufgefallen:

- Frauen beugen sich viel öfter zu ihrem Gegenüber hin als Männer.
- Männer lehnen sich häufiger richtig an als Frauen; Frauen sitzen mehr mit dem Bauch gegen den Tisch gedrückt da.
- Männer sitzen aufrechter und steifer da; Frauen beugen sich häufiger nach vorne.
- Der Abstand zwischen zwei Männern, die sich unterhalten, ist wesentlich größer als bei zwei Frauen. Bei heterosexuellen Paaren liegt er irgendwo dazwischen.
- Der Abstand zwischen Frauen verringert sich noch, je persönlicher und emotionaler das Gespräch wird.

Augenkontakt

Hier noch ein paar Erkenntnisse aus dem Buch von Shirley Weitz:

- Frauen suchen häufiger Augenkontakt als Männer. Sie reagieren sensibler auf die Gefühlslage anderer Menschen als Männer und wollen ihren Eindruck deshalb häufiger visuell kontrollieren.
- Augenkontakt kann ein Signal für Dominanz oder auch für Intimität sein. Männer scheinen einen ersten Augenkontakt von anderen Männern eher als feindselig zu interpretieren, wohingegen ein direkter Blick zwischen Frauen oft zu einer größeren Vertrautheit führt.

Straßenbummler

- Wenn Frauen und Männer sich auf der Straße begegnen, sind es häufiger die Frauen, die den Männern ausweichen.
- Wenn ein Paar nebeneinander steht oder Arm in Arm die Straße entlanggeht, wenden sich die Frauen öfter ihrem Partner zu als umgekehrt.

Tanz der Hände

- Frauen gestikulieren schneller als Männer, aber entgegen der landläufigen Meinung sprechen Männer genausooft mit den Händen wie Frauen, berichtet *Psychology Today*.
- Bruno Repp, Akustiker am Haskins Laboratory in Connecticut, hat festgestellt, daß Männer langsamer klatschen als Frauen, es in der Lautstärke aber keinen Unterschied gibt.

Die Dekodierer

- Viele Studien belegen, daß Frauen die emotionalen Botschaften der Körpersprache genauer »dekodieren« können als Männer.

♀♂

Entmystifizierung der Männer

Männlicher Sex-Appeal ist eher unterkühlt, weiblicher eher warm

»Wer ist dieser geheimnisvolle Mann? So ein toller Typ!« Männern wie Kevin Costner, Tom Cruise, Patrick Swayze, John F. Kennedy jr., Robert Redford und Sean Connery wird allgemein sehr viel Sex-Appeal nachgesagt. Was haben diese Männer an sich, das Frauen so wild macht?

Wenn Sie an Männer mit viel Sex-Appeal denken, fallen Ihnen dann Worte ein wie »charmant«, »herausfordernd«, »launenhaft«, »ernst«, »zugeknöpft«, »unberechenbar«, »smart«, »stark« und »unnahbar«? Denken Sie dann an prüfende Blicke von der Seite, ein langsames Lächeln, eine eher nach hinten geneigte Haltung? Der unterkühlte Sex-Appeal bei Männern ist ein Zeichen für ein solides (und manchmal übersteigertes) Selbstwertgefühl. Sie neigen dazu, sich zurückzuhalten – körperlich, in der Mimik und verbal. Sie erwarten, daß man auf sie zukommt.

Weiblicher Sex-Appeal dagegen ist eher warm und lebendig, anderen zugewandt. Dazu fallen einem Worte ein wie »lebhaft«, »erwartungsvoll«, »extrovertiert«, »temperamentvoll«, »zärtlich«, »aufmerksam« und »verfügbar«. Charakteristisch für Frauen mit Sex-Appeal sind weit geöffnete Augen, ein erwartungsvolles Lächeln, eine lebhafte Sprechweise und eine nach vorne geneigte Haltung. Zu den Frauen, die diese Art von Sinnlichkeit verkörpern, zählen Julia Roberts, Goldie Hawn, Jane Fonda und Debbie Reynolds. Warme Sinnlichkeit ist nach außen und auf andere gerichtet, sucht Bestätigung und ist die stereotype Norm für Frauen.

Natürlich gibt es auch Frauen, die einen eher unterkühlten Sex-Appeal haben. In den 40er Jahren wurden Leinwandstars wie Greta Garbo, Hedy Lamarr, Veronica Lake und Marlene Dietrich zu solchen mystischen Schönheiten aufgebaut. In heutiger Zeit sind es Frauen wie Catherine Deneuve, Faye Dunaway und Prinzessin Diana, die eine ziemlich unterkühlte erotische Ausstrahlung haben. Und Fotomodelle, Männer wie Frauen, sollen sich immer »cool« geben. Ihr Ausdruck ist im allgemeinen selbstbezogen, selbstbewußt, von sich eingenommen und verführerisch sexy.

Die beiden Grundformen des Sex-Appeal signalisieren auch Gegensätzliches in Sachen Liebe. Sehr lebhaftes Verhalten signalisiert: »Ich möchte so gerne lieben«, und sehr geheimnisvolles Verhalten gibt zu verstehen: »Ich möchte so gerne geliebt werden.«

Sie lächelt öfter

Anne Campbell zitiert Studien, denen zufolge:

• Frauen mehr lächeln als Männer und Vertreter beider Geschlechter Frauen häufiger anlächeln;

• das Lächeln bei Frauen in engem Zusammenhang steht mit ihrem Bedürfnis, gemocht zu werden, und der Angst, das könnte nicht der Fall sein;

• Frauen mehr lächeln, wenn sie schlechte Nachrichten überbringen, vielleicht sogar so sehr lächeln, daß es die gegenteilige Wirkung hat;

• die meisten Leute meinen, Lächeln sei ein Zeichen für gute Stimmung, aber »bei Frauen scheint Lächeln manchmal viel mehr mit Nervosität zu tun zu haben«. (Was nicht heißen soll, daß Männer nicht lächeln, wenn sie nervös sind – nur tun es Frauen eben öfter);

• Frauen bei Leuten, die sie kennen, stärker lächeln, während Männer eher »bei flüchtigen Begegnungen in der Öffentlichkeit lächeln – zum Beispiel bei Fremden auf der Straße; Frauen lächeln weniger, wenn ein Lächeln mißverstanden werden könnte«.

Noch mehr Fakten

• Wagenvoord und Bailey zitieren Studien, nach denen weibliche Babys mehr lächeln als männliche Babys.

• Shirley Weitz schreibt: »Der normale Gesichtsausdruck bei Männern ist näher am neutralen Pol« als der von Frauen.

Zwei kleine Experimente

• Achten Sie darauf, wessen Mimik beim Sprechen ausdrucksvoller ist, wenn Sie mit Männern und Frauen zusammen sind.

• Bitten Sie einen Freund/eine Freundin, sich zuerst ganz auf sich zu konzentrieren und anschließend auf Sie. In welcher Situation hat er/sie einen wärmeren Gesichtsausdruck? Wann einen zurückhaltenderen?

♀♂

Sylvester Testosterone

Männer haben mehr Testosteron, Frauen mehr Östrogen

Es häufen sich die Hinweise darauf, daß die Geschlechtshormone das Verhalten in weit größerem Umfang beeinflussen als bislang angenommen. »Je mehr männlichem Geschlechtshormon (Testosteron) ein Fötus ausgesetzt ist, um so männlicher wird der Erwachsene in seinem Verhalten. Je geringer die Menge an männlichem Geschlechtshormon, um so weiblicher wird das Verhalten als Erwachsener«, erläutert Anne Moir in *Brain Sex*.

Andere Untersuchungen untermauern Moirs Theorie. Anke A. Erhardt, Professorin an der Columbia University, hat herausgefunden, daß Mädchen, die vor der Geburt größeren Mengen Testosteron als den normalen ausgesetzt waren, »jungenhafter« sind als andere kleine Mädchen. Sie machen öfter bei Balgereien mit, spielen gerne mit Jungen und sind allgemein konkurrenzfreudiger und aggressiver.

Außerdem ist ja allgemein bekannt, daß Männer bestimmte Aufgaben, die räumliches Vorstellungsvermögen verlangen, besonders gut ausführen und bei Tests, wo mathematisch-logisches Denken wichtig ist, besser abschneiden. Auf der anderen Seite sind Frauen bei bestimmten Aufgaben, die vor allem die Sprech- und Ausdrucksfähigkeit fordern, besser, und in manchen manuellen Fertigkeiten, die Fingerspitzengefühl verlangen. Diese Anlagen werden offenbar durch die Geschlechtshormone beeinflußt. Wissenschaftler der Universität Hamburg haben bei einer Studie festgestellt, daß »Männer mit einem erhöhten Spiegel an Testosteron und zwei verwandten Hormonen bei Aufgaben, die räumliches Vorstellungsvermögen erforderten, besser und in der verbalen Ausdrucksfähigkeit schlechter sind als Männer mit einem normalen Hormonspiegel«.

Männer & Hormone

- Männer produzieren im Vergleich zu Frauen ungefähr zehnmal mehr Testosteron, ⅕ der Östrogen- und ⅒ der Progesteronmenge.
- Männer haben aufgrund des Testosterons einen stärkeren Sexualtrieb als Frauen.

• Am höchsten ist der Testosteronspiegel kurz nach Sonnenaufgang. Um diese Zeit haben Männer häufig Erektionen.
• Der Testosteronspiegel steigt oft an, wenn Männer streiten, beim Sport siegen, gewalttätige Szenen im Fernsehen erleben, trainieren und an Sex denken. So haben Wissenschaftler zum Beispiel festgestellt, daß Männer bei Tennisturnieren, bei denen ein Preisgeld von hundert Dollar ausgesetzt war, einige Stunden nach entscheidenden Siegen noch einen erhöhten Testosteronspiegel hatten.

Frauen & Hormone

• Frauen produzieren etwa fünfmal mehr Östrogen und zehnmal mehr Progesteron als Männer und 1/10 ihrer Testosteronmenge.
• Östrogen, das den Körper auf die Schwangerschaft vorbereitet, ist gut für die Blutgefäße. Es regt die Leber zur Produktion von Lipoprotein hoher Dichte an, das dem Körper wiederum hilft, Fette besser zu verwerten und den Cholesterinspiegel niedrig zu halten.
• Durch das Östrogen leben Frauen zwischen vier und zehn Jahre länger als Männer, weil es bis zur Menopause vor Herz-Kreislauf-Erkrankungen schützt.
• Frauen haben aufgrund des höheren Östrogenspiegels einen besseren Geruchssinn als Männer.
• Viele Frauen sagen, daß sie mehr Energie haben, besser gelaunt und optimistischer sind, wenn die Östrogenproduktion am höchsten ist, nämlich in der ersten Hälfte des Menstruationszyklus. Umgekehrt fühlen sie sich niedergeschlagen und lustlos, wenn der Progesteronspiegel am höchsten ist, also in der zweiten Zyklushälfte.
• Östrogen unterstützt die Retention von Calcium in den Knochen. Der erhöhte Calciumabbau nach der Menopause ist vermutlich der Hauptgrund für die Entwicklung der Osteoporose (Knochenschwund).

»Testo«-Frauen

Patricia Schreiner-Engel vom Mount Sinai Lehrkrankenhaus in New York hat Frauen mit einem höheren als dem normalen Testosteronspiegel untersucht, die sie kurz als »Testo«-Frauen bezeichnet. Diese Frauen wählen eher stark konkurrenzorientierte, sie sehr fordernde Berufe aus. Sie sind sexuell aktiver und haben mehr Spaß an Sex als Frauen mit einem normalen Testosteronspiegel. Außerdem haben sie mehr Probleme in Liebesbeziehungen und heiraten seltener als die anderen Frauen.

♀♂

Das Leben mit der Waage

Frauen machen sich mehr Sorgen um ihr Gewicht als Männer

Den Gesundheitsämtern zufolge haben in den USA rund 24 Prozent der Männer und 27 Prozent der Frauen erhebliches Übergewicht. Aber obwohl viele Männer mit Doppelkinn und Bierbauch herumlaufen, sind es die Frauen, die eine Diät nach der anderen machen. In *Der Mythos Schönheit* werden Umfragen zitiert, wonach an einem beliebigen Tag 25 Prozent der Frauen auf Diät sind und 50 Prozent gerade eine beenden, abbrechen oder beginnen.

Der Grund dafür ist, daß Frauen, wenn sie Übergewicht haben, selbst bei ein paar Pfund, sich in ihrer Haut nicht wohl fühlen. Die in unserer Gesellschaft geltende Schlankheitsnorm für den weiblichen Körper führt dazu, daß Frauen sich viel mehr um ihr Gewicht sorgen als Männer. Sie werden ein Opfer der allgegenwärtigen Werbung und der Männer in ihrem Leben, die Dünnsein mit sexueller Attraktivität gleichsetzen, und fühlen sich unzulänglich, wenn die Waage auch nur ein klein wenig mehr als das Gewicht eines Fotomodells anzeigt.

Der auf den Frauen lastende soziale Druck in Sachen Gewicht ist die Ursache der meisten Eßstörungen. Studien über Anorexia nervosa und Bulimie belegen, daß die Zahl der Patientinnen entsprechend der gesellschaftlichen Haltung dazu, wie eine Frau aussehen sollte, zunimmt bzw. zurückgeht.

Gewichtsverlust bringt nicht immer den Gewinn an Liebe, den sich Frauen erhoffen. Karen Johnson schreibt dazu: »Die Frau, die Diät hält, hat die Vorstellung, daß Schlanksein sie zu einem besseren und liebenswerteren Menschen macht. Daß sie den Respekt und die Zuneigung anderer wert sein wird, wenn sie sich körperlich ›verbessert‹.« Solange Frauen aber nicht ein vom Körperbild unabhängiges Selbstwertgefühl entwickeln, werden sie der Waage auf Gedeih und Verderb ausgeliefert sein.

Faszinierende Fakten

• Beim durchschnittlichen Mann macht Fett 15 bis 18 Prozent des Gewichts aus, bei einer Frau sind es 25 bis 28 Prozent. Und der durchschnittliche männliche Körper besteht zu rund 41 Prozent aus Muskelmasse – allerdings gehen die Schätzungen hier auseinander –, der weibliche zu 35 Prozent. Dieser höhere Anteil von Fett- gegenüber Muskelgewebe macht es Frauen schwerer, unerwünschte Pfunde zu verbergen.

• Eine von Dr. Ann C. Childress, Medical University of South Carolina, an über 3000 Schülern der fünften bis achten Klasse durchgeführte Untersuchung ergab, daß 55 Prozent der Mädchen und 28 Prozent der Jungen sich für fett halten.

• Wie Daniel Evan Weiss schreibt, haben 48 Prozent der befragten Frauen gegenüber 17 Prozent der Männer Schuldgefühle, wenn sie etwas Süßes essen.

Die Dicksten überlebten

• »Hunderttausende von Jahren sind in der menschlichen Evolutionsgeschichte bevorzugt die Gene der Menschen ausgewählt worden, die eine Veranlagung zum Dickwerden hatten (das heißt, die Veranlagung, die aufgenommenen Kalorien besser zu verwerten), denn diese Menschen konnten in Hungerzeiten überleben. Von Natur aus dünne Menschen starben einfach viel häufiger, wenn die Nahrung zu knapp wurde.« – David Garner, Forscher auf dem Gebiet der Eßstörungen.

Zur Vertiefung des Themas

• Wenn Sie ihr selbstzerstörerisches Eßverhalten überwinden wollen, sollten Sie *Essen als Ersatz* von Geneen Roth lesen.

♀♂

Rechte Hirnhälfte, linke Hirnhälfte

Männer und Frauen haben anatomisch unterschiedliche Gehirne

Es gibt weit mehr Ähnlichkeiten als Unterschiede beim männlichen und weiblichen Gehirn, aber die Unterschiede scheinen doch bedeutsam zu sein. Viele Forscher berichten, daß Teile des *corpus callosum*, des Balkens, der die rechte und linke Großhirnhemisphäre miteinander verbindet, bei Frauen größer sind als bei Männern, obwohl das männliche Gehirn insgesamt größer ist. (Das durchschnittliche männliche Gehirn hat ein Volumen von 1432 cm^3, das durchschnittliche weibliche Gehirn ein Volumen von 1258 cm^3.)

Aufgrund dieses Unterschieds benützen Frauen häufiger als Männer beide Hirnhälften gemeinsam – über den bei Frauen dickeren Nervenstrang dazwischen laufen mehr Informationen. »Die Fähigkeit, ein Problem mit beiden Hirnhälften gleichzeitig anzugehen, macht Frauen viel einfühlsamer in andere Menschen. Sie spüren viel besser den Unterschied zwischen dem, was die Leute sagen, und dem, was sie meinen, und hören viel besser die Nuancen heraus, die die wahren Gefühle eines anderen offenbaren«, sagte Joyce Brothers.

Unterschiede wurden auch beim *Hypothalamus* festgestellt, der munteren kleinen Drüse, die die Blutkonzentration von Hormonen regelt. Mehrere Forscher haben bestätigt gefunden, daß eine Gruppe von Neuronen im Hypothalamus bei Männern mehr als doppelt so groß ist wie bei Frauen. Eben dieser Bereich steuert die vier Urtriebe, nämlich: Essen, Flüchten, Kämpfen und – na, was wohl – Sex.

Das Zusammenspiel von strukturellen Unterschieden und Hormonen hat bei Männern ein mehr lineares Denken – d. h. in einer geraden Linie von A zu B zu C – zur Folge, wohingegen die Denkweise von Frauen eher breitgefächert und »multidimensional« ist. Aufgrund dieses Unterschieds können sich Männer leichter auf eine Aufgabe konzentrieren, ohne sich ablenken zu lassen (aber sie können sich in Details verzetteln und den großen Zusammenhang vergessen), während Frauen, die viele unterschiedliche Reize gleichzeitig wahrnehmen, leichter abgelenkt werden, jedoch besser den Gesamtzusammenhang im Auge behalten können.

Andere Gehirnstruktur, andere Fähigkeiten

In welcher Beziehung diese Unterschiede zu den Fähigkeiten eines Menschen stehen, wird heiß debattiert. Dennoch hier zwei allgemein akzeptierte Schlußfolgerungen:

Mädchen haben größere sprachliche Fähigkeiten als Jungen

- Mädchen beginnen meist früher und besser zu sprechen als Jungen.
- Mädchen machen weniger Fehler in Grammatik und Interpunktion.
- Mädchen sind meist die besseren Leser.

Jungen haben größere visuell-räumliche und mathematisch-logische Fähigkeiten

- Viele Studien belegen, daß männliche Wesen dreidimensionale Objekte besser visualisieren und zeichnen können.
- Ab etwa zwölf Jahren entwickeln sich die mathematischen Fähigkeiten bei Jungen schneller als bei Mädchen.

Gegenbeweise

Beim Schuleignungstest sind die Unterschiede insgesamt inzwischen weniger ausgeprägt. 1989 erreichten die Mädchen beim Mathematiktest 455 Punkte – das ist ein Zugewinn von 12 Punkten in den 80er Jahren. Damit schließt sich die Diskrepanz zwischen den Geschlechtern etwas mehr, nämlich von 53 auf 44 Punkte, berichtet *USA Today*. Man könnte daraus schließen, daß Klischees hinsichtlich der Geschlechterrollen die Fähigkeiten von Jungen und Mädchen doch in gewisser Weise beeinflussen; da die Geschlechterrollen nicht mehr so starr sind, haben die Mädchen ein besseres Gefühl dabei, wenn sie in Mathe gut sind.

Zur Vertiefung des Themas

- *Brain Sex* von Anne Moir und David Jessel ist ein provokantes, anregendes und kontroverses Buch, das die These aufstellt, daß die meisten Geschlechtsunterschiede biologisch begründet sind.

♀♂

Gesund und munter

Frauen interessieren sich mehr für Gesundheitsfragen als Männer

Frauen reden ganz locker und offen über körperliche Beschwerden – ihre eigenen und die anderer Leute. Kaum ein Detail wird ausgelassen, wenn sie sich ausführlich über Arztbesuche, Ernährungsprobleme und vorbeugende Maßnahmen unterhalten. Das Interesse an der Gesundheit ist eine Erweiterung dessen, daß Frauen ihre körperliche Erscheinung sehr wichtig nehmen. Und außerdem sind diese sehr persönlichen Themen genau das richtige, um bei Gesprächen über die Wechselfälle des Lebens, körperliche und seelische, freundschaftliche Beziehungen zu knüpfen.

Männer dagegen behalten ihre gesundheitlichen Schwierigkeiten für sich. Schließlich ist es nicht besonders männlich, über körperliche oder psychische Probleme zu klagen. (Ist er aber krank und möchte gepflegt werden, kommt er damit zu seiner Partnerin – dem einzigen Menschen, dem er seine Verletzlichkeit zu zeigen wagt.)

Da Männer sich weniger um ihren Körper kümmern, ernähren sich viele unzureichend, wenn sie sich selbst überlassen sind. Der Zeitschrift *In Health* zufolge werden 61 Prozent aller Fertiggerichte von Männern gekauft. Bei einer Gallup-Umfrage im Jahr 1990 gaben weniger als drei von zehn Männern an, daß sie Schuldgefühle hätten, wenn sie sich ungesund ernähren, während mehr als vier von zehn Frauen dabei ein schlechtes Gefühl haben.

Macho-Posen

- Manche Männer betrachten einen Herzinfarkt als »verdiente Auszeichnung«, ein Symbol für harte Arbeit, berichtet Prof. Nina Rehnquist, Präsidentin der Schwedischen Gesellschaft für Kardiologie. Frauen sehen im Herzinfarkt ein Versagen, mit Problemen fertigzuwerden.
- Die Umfrage eines Meinungsforschungsinstituts im Jahr 1989 hat erbracht, daß viele Männer »auf Ratschläge für eine bessere Gesundheit pfeifen«. Außerdem schnallen sie sich im Vergleich zu Frauen seltener an und fahren häufiger im alkoholisierten Zustand Auto, weil es zeigt, was für harte Burschen sie sind.

Sie lebt länger

• **Lebenserwartung:** Die durchschnittliche weiße Frau in den USA hat eine Lebenserwartung von 78,9 Jahren; schwarze Frauen leben im Durchschnitt 73,4 Jahre. Weiße Männer haben eine durchschnittliche Lebenserwartung von 72,3 Jahren; bei Schwarzen sind es 64,9, berichtet der *Monthly Vital Statistics Report*.

• **Selbstzugefügter Schaden:** »Die Statistiken gehen davon aus, daß ein Drittel der Diskrepanz in der Lebenserwartung dem Verhalten von Männern zuzuschreiben ist. Männer rauchen mehr als Frauen, trinken mehr und lassen sich häufiger auf gefährliche und riskante Dinge ein. Es werden dreimal mehr Männer ermordet (im allgemeinen von anderen Männern) als Frauen. Die Selbstmordrate liegt insgesamt zwei- bis dreimal höher als bei Frauen«, schreibt Edward Dolnick in der Zeitschrift *In Health*.

• **Der Östrogenvorteil:** Einer von fünf Männern erleidet mit 60 Jahren einen Herzinfarkt, verglichen mit einer von 17 Frauen, berichtet die *New York Times*. Frauen haben durch ihren höheren Östrogenspiegel bis zur Menopause einen Schutz gegen Herzerkrankungen. »Bis zur Pubertät haben Jungen und Mädchen den gleichen Cholesterinspiegel. Bei Beginn der Adoleszenz aber, wenn die Testosteronproduktion einsetzt, fällt der Spiegel des ›guten Cholesterin‹, des HDL, bei Jungen drastisch ab. Bei Mädchen bleibt der HDL-Spiegel konstant. Diesen Vorteil behalten Frauen ihr ganzes Leben lang«, meint Dolnick abschließend.

• **Veränderungen im Gehirn:** Männer büßen ihre sprachlichen Fähigkeiten im Alter zwei- bis dreimal schneller ein als Frauen. Möglicherweise schützen weibliche Hormone das Gehirn, wie aus einer Studie von Forschern der University of Pennsylvania hervorgeht. Außerdem schrumpft der Corpus callosum bei Männern mit zunehmendem Alter, was bei Frauen nicht der Fall ist, sagt die Forscherin Sandra F. Witelson.

Zur Vertiefung des Themas

• *Unser Körper – Unser Leben* und *Unser Körper – Unser Leben – Über das Älterwerden* von The Boston Women's Health Book Collective sind zwei gute Handbücher zu diesem Thema.

♀♂

Ein Gläschen in Ehren...

Frauen spüren die Wirkung von Alkohol schneller als Männer

Es stimmt – ein alkoholisches Getränk wirkt bei einer Frau etwa doppelt so stark wie bei einem Mann. Den Grund vermutete man bisher darin, daß der weibliche Körper kleiner ist als der männliche, mehr Fettgewebe und einen niedrigeren Wasseranteil hat.

Inzwischen haben die Forscher eine andere Erklärung: Ein Team italienischer und amerikanischer Wissenschaftler hat 1990 entdeckt, daß Alkohol bei Frauen deshalb schneller wirkt, weil ihr Magen Alkohol weniger gut abbaut als der von Männern. Warum? Weil der weibliche Körper wesentlich weniger »Alkohol-Dehydrogenase« hat, das ist das Magenenzym, das Alkohol abbaut, bevor er in den Blutkreislauf gelangt. Die Enzymtheorie erklärt auch, warum Alkoholikerinnen einen größeren Leberschaden davontragen als alkoholkranke Männer gleicher Statur, die genausoviel trinken. Vielleicht ist sie auch die Erklärung dafür, warum selbst kleine Mengen Alkohol während der Schwangerschft zu Mißbildungen des Babys führen können.

Auch die Gründe zum Trinken unterscheiden sich bei Männern und Frauen. »Während viele Männer sich den Alkoholgenuß als Teil eines ›Männlichkeits‹-Rituals angewöhnen, trinken wesentlich mehr Frauen offenbar deshalb, weil sie sich unzulänglich fühlen, schüchtern oder sexuell gehemmt sind oder zu wenig Selbstvertrauen haben«, schreibt Karen Johnson.

Sie ist co-abhängig

Alkohol wirkt sich nicht nur auf Trinker selbst negativ aus. Auch die Familien, Freunde und Kollegen der Alkoholiker werden davon häufig in Mitleidenschaft gezogen. Frauen leiden meistens mehr darunter als Männer, wenn der Partner ein Alkoholproblem hat, denn weit mehr Männer als Frauen sind Alkoholiker, und die Frauen harren fast immer in der Situation aus, statt einen Schlußstrich zu ziehen (einer von zehn Ehemännern bleibt bei seiner alkoholkranken Frau, wohingegen neun von zehn Frauen bei ihrem alkoholkranken Mann bleiben, heißt es im *Redbook*).

In der einschlägigen Literatur wird immer wieder festgestellt, daß die Co-Abhängigen – die Partner und Kinder von Alkoholikern – »übermäßig auf andere konzentriert« sind. Deshalb lautet einer der Ratschläge für Co-Abhängige häufig: *Verleugnen Sie nicht Ihr eigenes Potential, um die Ich-Bedürfnisse von anderen zu erfüllen. Schauen Sie mehr auf sich selbst.* Genau diesen Rat geben Feministinnen auch Frauen, die aufgrund ihrer Sozialisierung ausgesprochen selbstlos sind.

Ernüchternde Fakten

- Die Steuer aus dem Verkauf von Alkoholika ist die viertgrößte staatliche Einnahmequelle nach den firmen- und personenbezogenen Steuern und den naturgemäß schwankenden Profiten aus dem Ölgeschäft, berichtet Karen Johnson über die USA.
- »Alkohol begünstigt ein Verhalten, das unsere Gesellschaft als männlich ansieht – Risikobereitschaft, Aggressivität, lautstarkes Auftreten. Ein betrunkener Mann ›schlägt einfach nur über die Stränge‹. Eine betrunkene Frau agiert männliches Verhalten aus; sie verhält sich nicht ihrer Natur entsprechend«, schreibt der Autor J. S. Rudolf.

Hier finden Sie Hilfe

- Ausführliche Informationen über Therapiemöglichkeiten bekommen Sie bei der Deutschen Hauptstelle gegen die Suchtgefahren e. V. in Hamm, Tel. 02381/25855.
- *Mut zur Unabhängigkeit* von Melody Beattie ist ein populärer Ratgeber für Co-Abhängige.

♀♂

Die Antwort auf Streß

Frauen sind weniger streßanfällig als Männer

Wir alle reagieren auf Streß. Aber auch hier wieder nicht alle gleich. Im allgemeinen »reagieren Frauen besser auf Streß«, sagt die Endokrinologin Estelle Ramey.

Wissenschaftler haben festgestellt, daß der weibliche Körper Streß besser abbaut und schneller wieder in den Normalzustand kommt als der männliche. So haben zum Beispiel schwedische und amerikanische Forscher bei der Untersuchung von Typ A-Persönlichkeiten herausgefunden, daß Frauen vom Typ A bei beruflichen Problemen weniger stark auf Streß reagieren als Männer vom Typ A. Die in ihrer Studie erfaßen Frauen produzierten weniger Adrenalin und Cortisol (Streßhormone) und zeigten einen geringeren Anstieg von Herzfrequenz und Blutdruck als die Männer.

Außerdem spielt bei der Streßreaktion das Testosteron (von dem Männer eine Menge mehr haben) eine Rolle; es befiehlt den Neurorezeptoren, alles andere seinzulassen und schnell zu reagieren. Leider führt das auch dazu, daß Männer einen höheren Spiegel an Lipoproteinen mit niedriger Dichte haben (also mehr »böses« Cholesterin), was ihr Risiko einer Herzerkrankung erhöht.

Faszinierende Fakten

- **Massenstudien:** »Untersuchungen haben erbracht, daß Männer schlechter damit zurechtkommen als Frauen, wenn sie sehr wenig Platz haben – zum Beispiel in großen Menschenansammlungen. Männer in einer nur aus Männern bestehenden Menge weisen mehr physiologische Streßsymptome auf als Frauen in einer rein weiblichen Menge«, sagt die Psychologin Anne Campbell.
- **Familienstreß:** Eine neue, von der Amerikanischen Psychologischen Vereinigung durchgeführte Studie an 166 Ehepaaren hat ergeben, daß zwar sowohl Männer wie Frauen »Arbeitsstreß« mit nach Hause bringen, Männer aber häufiger als Frauen »Familienstreß« ins Büro mitnehmen und als Folge davon einen Streit mit den Kollegen vom Zaun brechen. Eine weitere Erkenntnis war, daß Frauen sich entsprechend mehr engagierten, wenn die Männer sich aufgrund von Streß an familiären

Aktivitäten weniger beteiligten. Zogen sich aber die Frauen zurück, glichen die Männer das nicht aus.

Unterschiedliche emotionale Reaktionen

• **Männer ziehen sich zurück:** Wenn Männer sich sehr unter Druck fühlen, ziehen sie sich meistens zurück und sind verschlossener als normal. Sie sind dann weniger zugänglich und geben oft anderen die Schuld für ihre Gefühle. Es widerstrebt ihnen, um Hilfe zu bitten.
• **Frauen öffnen sich:** Wenn Frauen unter Streß stehen, gehen sie auf andere zu. Sie werden emotionaler und reden mehr. Sie holen sich Hilfe, nicht nur bei Freunden und der Familie, sondern z. B. auch bei Therapeuten. Allerdings reagieren sie nicht immer positiv auf Streß, denn meistens geben sie sich selbst die Schuld für alles. Häufig werden sie auch depressiv.

Der Faktor Depression

»Studien bestätigen immer wieder, daß das Risiko einer Depression bei Frauen doppelt so hoch ist wie bei Männern«, berichtet die bundesweite Arbeitsgruppe »Frauen und Depression« der Amerikanischen Psychologischen Vereinigung. Außerdem »werden rund 70 Prozent aller Antidepressiva Frauen verschrieben, aber häufig nach einer unzutreffenden Diagnose und bei mangelnder Überwachung. In mindestens 30–50 Prozent der Fälle wird bei Frauen fälschlich eine Depression erkannt.«

Warum werden Frauen häufiger depressiv? Dafür gibt es viele komplexe Ursachen, aber Sozialisierung und Biologie spielen offenbar eine gewichtige Rolle. »Für Männer, die Jäger, waren wahrscheinlich effiziente und schnell wirksame Streßmechanismen angesichts einer Gefahr vorteilhafter. Und für Frauen, die Nährerinnen, war wahrscheinlich eine *emotionale* Reaktionsfähigkeit auf ihre Umgebung vorteilhafter. Möglicherweise sind die Depression (weibliche Reaktion) und die Auswirkungen von Dauerstreß (männliche Reaktion) der Preis, den die Geschlechter für dieses Erbe zahlen müssen: ein integrales Element unseres Mann- und Frauseins«, meinen die Autorinnen von Jo Durden-Smith und Diane deSimone.

♀♂

Pretty Woman

Frauen machen sich mehr Gedanken über ihr Aussehen als Männer

»Wie sehe ich aus?« Der Selbstwert einer Frau ist eng mit ihrer körperlichen Erscheinung verknüpft. Die Werbung in Zeitschriften und im Fernsehen übt enormen Druck auf Frauen aus, immer gut (und sexy) auszusehen. Frauen lernen von Kindesbeinen an, auf ihr Aussehen zu achten, und sind meist enttäuscht von dem, was sie im Spiegel sehen. Wie viele Frauen kennen Sie, die mit ihrem Aussehen zufrieden sind?

Männer kümmern sich in der Regel weniger um ihr Aussehen. Sie reden höchst selten über Kleidung, Haarschnitte, Pflegeprodukte oder Rasierwässer. Wichtiger für ihr Selbstwertgefühl sind ihre Leistungen. Deshalb halten viele Männer Schönheitspflege auch für eines richtigen Mannes nicht würdig. So macht Vidal Sassoon in Los Angeles nur rund 15 Prozent seiner Umsätze beim Färben der Haare mit Männern, und diese lassen es am liebsten in einem separaten Raum oder nach der Geschäftszeit machen, weil sie dabei nicht gesehen werden wollen.

Gesellschaftlich eher akzeptiert wird es jedoch, wenn Männer sich Sorgen machen, weil die Haare immer weniger werden. Allerdings behalten sie diese Sorge meistens für sich. Auch wenn sie des Problems mit den verschiedensten Mittelchen Herr zu werden versuchen, hört man selten, daß Männer über die drohende Glatze reden oder sich gegenseitig irgendwelche Mittel empfehlen.

Die Schriftstellerin Gloria Steinem schreibt: »Viele Umfragen zeigen, daß Frauen im allgemeinen finden, sie sähen schlechter aus, als es tatsächlich der Fall ist – daß aber Männer meinen, sie sähen besser aus als in Wirklichkeit. Beide Geschlechter sollten also etwas realistischer werden.« Ihre Beobachtung wird durch eine Umfrage bestätigt, die Daniel Evan Weiss zitiert: 42 Prozent der Männer gegenüber nur 28 Prozent der Frauen betrachten sich als gutaussehend oder hübsch.

Figürliche Kritik

Die Zeitschrift *Longevity* hat 1991 bei über 2000 Babyboomern eine Umfrage zu ihren intimen Geheimnissen gemacht. Hier einige der Ergebnisse speziell zum Thema Körper:

• Was Männer an Frauen am meisten stört: breite Hüften (59 %), Falten im Gesicht (51 %), graue Haare (41 %), kurze Beine (33 %), kleiner Busen (25 %).
• Was Frauen an Männern am meisten stört: korpulente Figur (70 %), Glatze (49 %), Kleinheit (48 %), Rettungsringe (47 %), Falten im Gesicht (12 %).

Frauen und Schönheit

• Die amerikanische Durchschnittsfrau benützt morgens regelmäßig 17 bis 21 Pflege- und Schönheitsprodukte, berichtet der Dermatologe Paul Lazar von der Northwestern University.
• Die Durchschnittsfrau bürstet und kämmt ihr Haar oder überprüft ihre Frisur etwa fünfmal am Tag, was ungeführ 36 Minuten in Anspruch nimmt, heißt es in Studien des Upjohn Haar-Informationszentrums.
• Bei einer Umfrage der Zeitschrift *Self* bejahten 68 % der befragten Frauen die Aussage: »Wie man sich fühlt und verhält, wird stark vom Aussehen beeinflußt.«
• Rund zwei Millionen Amerikanerinnen haben Brustimplantate, davon 80 % aus kosmetischen Gründen, berichtet *USA Today*. Die Sicherheit solcher Implantate wird in letzter Zeit stark bezweifelt.

Männer und Schönheit

• Der Georgette-Klinger-Kosmetiksalon in Manhattan vermeldet, daß rund 20 Prozent der Klientel Männer sind.
• Eine von vier Nasenkorrekturen wird an einem Mann durchgeführt, berichtet die Zeitschrift *Men's Health*.
• Über drei Millionen amerikanische Männer tönen und färben sich selbst die Haare und geben dafür 47 Millionen Dollar im Jahr aus, sagt Julie Bohl, Sprecherin der Firma Grecian Formula 16.
• 68 Prozent der Männer gefallen sich nackt, bei den Frauen sind es nur 22 Prozent, berichtet die Zeitschrift *In Health*.

Für Sie ganz persönlich

• Wenn Sie wissen wollen, wie die Diätmittel-, Kosmetik- und Modeindustrie Frauen manipuliert, sollten Sie Naomi Wolfs kontroverses Buch *Der Mythos Schönheit* lesen. Naomi Wolf schreibt: »Wir stecken mitten in einer heftigen Gegenbewegung gegen den Feminismus, bei der die Normen weiblicher Schönheit als politische Waffe eingesetzt werden, um das gesellschaftliche Vorwärtskommen der Frauen aufzuhalten.«

Vermischtes

♀♂

Die Karriere-Szene

Männer definieren sich mehr über ihre Arbeit als Frauen

Arbeit spielt für Männer wie für Frauen emotional eine große Rolle. Da für Frauen aber Freundschaften und das Familienleben sehr wichtig sind und sie hier starke Bindungen haben, identifizieren sie sich weniger mit ihrer Arbeit als Männer. Auf der anderen Seite suchen Männer, da sie mehr auf Handeln ausgerichtet sind, sich in der Arbeit zu bestätigen, und es beeinflußt sie stärker als Frauen, was im Büro passiert. Wenn ein Mann in der Arbeit einen Erfolg erzielt, ist er in Hochstimmung; geht etwas daneben, ist er niedergeschlagen.

»Männer sind meistens am Boden zerstört und fühlen sich wertlos, wenn es mit der beruflichen Karriere nicht so klappt oder sie eine größere finanzielle Einbuße erleiden. Frauen können in ihrem Leben Befriedigung finden, wenn sie gute und enge zwischenmenschliche Beziehungen haben«, meint der Psychologe Morton H. Shaevitz.

In Geschäft und Politik gelten die Regeln der Männer. Das ganze Leben eines Mannes, von Kindheit an, dreht sich um Machtspiele. Die Ausdrucksformen von Männern – wie sie reden, stehen, sitzen, ihre Gestik – sind aggressiver als bei Frauen. Und die Arbeitswelt reflektiert diese Werte. »Die Welt der Arbeit ist im wesentlichen eine Welt der Konkurrenz, die das Ego in den Vordergrund des Bewußtseins rückt«, schreibt Esther M. Harding in *Der Weg der Frau*.

Um in einer Männerwelt Erfolg zu haben, müssen Frauen sich wie Männer verhalten. Tun sie das aber, wirft man ihnen vor, sie seien unweiblich und aggressiv. Beth Milwid meint dazu in *Allein unter Männern*: »Manche Frauen sagen zwar, sie nähmen sich die Freiheit, im Berufsleben auch ihre weiblichen Seiten einzubringen, viele andere fühlen sich aber nach wie vor nicht wohl dabei, wenn sie im Beruf als ›zu weich‹ erscheinen.« Die Autorin Susan Waggoner merkt an: »Karrierefrauen sehen sich mit dem schwierigen Problem konfrontiert, in einer Männerwelt Erfolg zu haben, ohne auf dem Weg nach oben allzu viele männliche Egos zu beschädigen.« Manches läßt darauf schließen, daß sich an diesem Dilemma langsam etwas ändert. Immer mehr Frauen schaffen Situationen, in denen sie sie selbst sein können, und der weibliche Führungsstil im Berufsleben findet immer mehr Aufmerksamkeit und Zustimmung.

Leistungsdruck

• »Wenn Männer sich umzubringen versuchen, dann geschieht das häufig aus verletztem Stolz oder einem Gefühl der Inkompetenz heraus und hat oft mit der Arbeit zu tun. Bei Selbstmordversuchen von Frauen stecken meistens große Schwierigkeiten mit Partnern, der Familie oder Freunden dahinter.« – Anastasis Toufexis, Schriftsteller

Zwei Jobs unter einen Hut bringen

• Die Schriftstellerin Gloria Steinem meint, daß Männer und Frauen nicht wirklich gleichgestellt sein werden, »solange sich nicht auch die Männer fragen: ›Wie bringe ich zwei Jobs, Familie und Karriere, unter einen Hut?‹«

• »Die Frauen, gerade eben emanzipiert, entdecken, wie schwierig es ist, Beruf und Privatleben miteinander zu vereinbaren. Ich verstehe nicht, warum sie so überrascht sind. Die Männer haben es schließlich auch noch nie geschafft.« – Eine Figur in Henry Jagloms Film *Ein Tag für die Liebe*.

Niederschmetternde Tatsachen

• **Typische Situation:** Im Durchschnitt verdienen Frauen für jeden Dollar, den ein Mann verdient, 71 Cent, berichtet das amerikanische Amt für Statistik. Diese Diskrepanz beim Einkommen spiegelt die niedrigen Gehälter wider, die in traditionell weiblichen Berufen gezahlt werden, und die Schwierigkeit der Frauen, die »gläserne Decke« zu den höher dotierten Positionen zu durchbrechen.

• **Die Manager:** Die zehn höchstbezahlten Manager in den USA verdienen zwei- bis zehnmal mehr als die bestbezahlten Frauen in Toppositionen. Die am besten verdienenden Frauen arbeiten in der Mode- und Kosmetikbranche und im Einzelhandel, berichtet *USA Today*.

Zur Vertiefung des Themas

• *Allein unter Männern* von Beth Milwid. Nach Meinung des *San Francisco Chronicle* »eine der besten bislang veröffentlichten Untersuchungen über Frauen im Beruf«.

• Sally Helgesen vertritt in *Frauen führen anders* den Standpunkt, der weibliche Führungsstil sei anders – und in vielen Fällen besser – als der von Männern.

♀♂

Halsbrecherische Unternehmungen

Männer riskieren körperlich mehr als Frauen

Immer höher, immer tiefer, immer schneller – dieser Drang ist vor allem bei Männern festzustellen. Der erste Mensch auf dem Gipfel des Mount Everest war ein Mann. Dito der erste Flugzeugpilot, der erste Spaziergänger auf dem Mond, der erste Fallschirmspringer, Stierkämpfer, Trapezartist etc. etc. Die Männer haben sich im Laufe der Zeit eine ganze Reihe von abenteuerlichen und verrückten Sachen einfallen lassen, die zumindest einige mit Begeisterung betreiben – Höhlen erforschen, Bungee-Springen, Drachenfliegen, Boxen, Auto- und Schnellbootrennen, um nur ein paar zu nennen. Männer haben Spaß an körperlich riskanten Unternehmungen, weil sie mit Wettkampf zu tun haben (es gibt Rekorde zu brechen), sie ihnen Respekt und Aufmerksamkeit einbringen und eine Möglichkeit sind, freundschaftliche Beziehungen zu anderen Männern zu knüpfen, die das gleiche machen.

Gefährliche Unternehmungen sind aggressive Akte, möglicherweise gefördert durch das Testosteron. Manche Psychologen sind der Ansicht, sagt Anne Campbell, daß sowohl die Aggressivität wie die körperlich harten Spiele eine Folge der allgemeinen Kraft und Dynamik sind, die das Testosteron verleiht. »Jungen verbrauchen durchgängig mehr Energie als Mädchen«, merkt sie an, »vor allem in sozialen Situationen.«

Natürlich begeistern sich nicht alle Männer für körperlich riskante Unternehmungen, und natürlich gibt es auch ein paar Frauen, die gerne riskante Sachen machen. Man denke nur an Amelia Earhart oder Sharon Adams (die erste Frau, die mit dem Segelboot allein den Pazifik überquert hat). Aber diese Frauen sind eindeutig in der Minderheit.

Abenteuerliche Fakten

Der Autor Daniel Weiss zitiert eine Umfrage, nach der

- 28 Prozent der Männer und 16 Prozent der Frauen gerne den Mount Everest besteigen würden,
- 11 Prozent der Männer und 5 Prozent der Frauen gerne wie der berühmte Stuntman Evil Knievel auf einem Motorrad Autowracks überfliegen würden,

• 37 Prozent der Männer und 20 Prozent der Frauen gerne Fallschirm springen würden,
• 47 Prozent der Männer und 21 Prozent der Frauen gerne beim Autorennen Indianapolis 500 mitmachen würden,
• 57 Prozent der Männer und 41 Prozent der Frauen sich gerne 100 Jahre in die Zukunft versetzen lassen würden.

R für Risikobereitschaft

Was haben Evil Knievel und Albert Einstein gemeinsam? Beide gingen Risiken ein, meint der Psychologe Frank Farley von der University of Wisconsin. Er ist in den 25 Jahren seiner Forschungsarbeit zur Risikobereitschaft zu dem Schluß gekommen, daß die Suche nach neuem Wissen und die Suche nach neuen Grenzen (d. h. körperliche Risiken einzugehen) Ausdruck ein und desselben Persönlichkeitsmerkmals sind. Er hat eine durchgehende Verhaltensskala definiert, die von Risikovermeidung (Typ r) bis zu erhöhter Risikobereitschaft (Typ R) geht. Wie es damit in Beruf und Privatleben bei uns aussieht, läßt sich daraus ablesen, wo wir jeweils auf dieser Skala liegen. »Wenn Sie als Typ r tagtäglich unter Termindruck stehen... sind Sie wahrscheinlich überfordert, unglücklich und wenig leistungsfähig. Ein Typ R würde gerade da in Hochform kommen, weil das für ihn nicht unbedingt Streß bedeutet, sondern Stimulation.«

Bequemlichkeit

• »Was wir haben, basiert auf von einem Moment zum anderen getroffenen Entscheidungen dessen, was wir *tun*. In jedem dieser Momente treffen wir eine Wahl. Entweder gehen wir ein Risiko ein und bewegen uns weiter auf das zu, was wir wollen, oder wir gehen auf Nummer Sicher und entscheiden uns für Bequemlichkeit. Die meisten Leute entscheiden sich meistens für Bequemlichkeit.« – John Roger und Peter McWilliams, *Life 101*

Zur Vertiefung des Themas

• Schalten Sie ab und zu einen Sportkanal ein, wenn Sie Kabelfernsehen haben. Da können Sie verfolgen, wie Männer (und Frauen) aufregende und gefährliche Sachen machen, Motocross zum Beispiel.
• Lesen Sie das neu herausgekommene Buch *Erlernte Hilflosigkeit überwinden* von Nicky Marone.

♀♂

Shopping ist schön

Frauen gehen viel lieber bummeln als Männer

»Komm, Jennifer, machen wir doch einen Einkaufsbummel!« Spaß haben heißt für viele Frauen, mit einer Freundin einkaufen gehen, dann eine Kleinigkeit essen und noch ein bißchen herumgucken. Uff! Schon bei dem Gedanken an einen solchen ausgiebigen Einkaufstrip schlafen den meisten Männern die Füße ein. »Für Frauen bedeutet ein Bummel durch die Geschäfte Entspannung; Männer wollen etwas Bestimmtes kaufen – und raus aus dem Laden«, schreibt die Journalistin Jeanne Stein.

Für viele Frauen ist Einkaufen gehen – vor allem bei Kleidung und Sachen für die Wohnung – ein genußreiches Erlebnis. »Die meisten Frauen empfinden Shopping als eine Entdeckungstour. Die meisten Männer betrachten es als Aufgabe, nicht als Abenteuer«, meint Joe Tanenbaum in *Mann und Frau oder Der große Unterschied*. Während Männer im allgemeinen nach Produkten und Formen suchen, die sie schon kennen, suchen Frauen oft neue, anders gestaltete Artikel. Deshalb ändert sich auch die Damenmode mit jeder Saison. Es wirkt auf Frauen »belebend und anregend, wenn sie [in den Geschäften] Neues sehen, neuen Klängen und Düften begegnen«, merkt Tanenbaum an.

Manche Männer hassen Einkaufen gehen derart, daß sie ihre gesamte Ausstattung von der Frau oder Freundin kaufen lassen. Ein Mann erzählte mir: »Wenn meine Frau mit etwas zum Anziehen heimkommt, das mir nicht gefällt, lasse ich es sie wieder zurückbringen und etwas kaufen, das mir vielleicht besser gefällt.« Na, das ist ein Service! Ein anderer meinte: »Wenn die Hose kneift, esse ich einfach weniger, dann brauche ich mir keine größere kaufen.«

Manche Männer bekommen bei Einkaufstrips mit Frauen richtige Zustände. Ich meine damit sogenannte Borderline-Panikanfälle. Schon nach ein paar Minuten in einem Kaufhaus haben sie das Gefühl, daß die Wände immer näher auf sie zukommen. Kluge Ladeninhaber stellen deshalb für die Freunde/Ehemänner im Geschäft bequeme Sofas mit einem Korb voller Zeitschriften auf.

Frauen gehen auch häufiger als Männer auf Schnäppchenjagd. Sie freuen sich, wenn sie etwas Günstiges finden, und erzählen dann stolz davon. Was Männer oft zu der Bemerkung veranlaßt: »Du hättest mehr gespart, wenn du zu Hause geblieben wärst!«

Faszinierende Fakten

• »72 Prozent der Frauen und 44 Prozent der Männer empfinden Einkaufen gehen als angenehm.« – Daniel Evan Weiss.
• In den USA besuchen 130 Millionen Menschen mindestens einmal in der Woche ein Einkaufszentrum – und 70 Prozent davon sind Frauen, berichtet die Internationale Vereinigung der Einkaufszentren.
• »Sie kamen, sahen und kauften.« – Graffito an der Berliner Mauer.

Wenn Mann einkaufen geht

• »Die Herrenabteilung im Kaufhaus ist immer im Erdgeschoß, fünf Zentimeter von der Eingangstür weg, so daß sie sie hoffentlich vom Parkplatz aus schon sehen. Ich glaube, ein Kaufhaus, wo sie das Ganze vom Auto aus erledigen könnten, wäre für Männer ideal.« – Rita Rudner, Humoristin
• Der Prozentsatz männlicher Käufer steigt, sagt Robert Sommers, Leiter des Zentrums für Verbraucherforschung an der University of California in Davis. »Manche Männer fahren richtig ab auf Einkaufen. Sie nutzen ihre mathematischen Fähigkeiten zum Vergleichen von Preisen und Marken und machen daraus ein ganz anderes Erlebnis, das weniger subjektiv und impulsorientiert ist.«

Sind Sie ein Shopaholic?

• Ertappen Sie sich öfter dabei, wie Sie mit Spannung auf die Teleshop-Angebote im Fernsehen warten? Ist Ihr Kreditkartenlimit immer maximal ausgereizt? Macht es Sie kribbelig, wenn Umweltschützer darüber reden, wie wir mit unserem Konsumverhalten unseren Planeten zerstören? Wenn ja, leiden Sie womöglich unter Kaufzwang. Wenn Sie etwas gegen Ihre zwanghaften Kauforgien tun wollen, sollten Sie *Kaufrausch* von Carol Wesson lesen. Ihrer Ansicht nach werden Sie früher oder später ernste Probleme bekommen, wenn Sie »immer mehr Zeit mit Einkaufen verbringen, ohne ein klares Ziel oder Bedürfnis zu haben«, wenn Sie »zwanghaft an Einkaufen denken« und wenn Sie »Schuldgefühle haben und sich schämen, nachdem Sie Geld ausgegeben oder etwas gekauft haben«.

♀♂

Feminismus – eine Momentaufnahme

Die Rolle der Frau hat sich in den letzten drei Jahrzehnten stärker gewandelt als die des Mannes

Mit den Jahren haben sich die Rollen von Männern wie von Frauen verändert, aber die Frauen haben die Männer in dieser Hinsicht weit hinter sich gelassen. »In nur 25 Jahren haben die amerikanischen Frauen die ganze Gesellschaft verändert«, schreibt Michael Korda. Frauen arbeiten mehr außerhalb der häuslichen Umgebung als früher und sind in viele Berufe vorgedrungen, die als traditionell »männlich« angesehen wurden. Dem US-Bundesamt für Statistik zufolge stellen Frauen heute 20,6 % der Architekten, 22,2 % der Anwälte und 38,7 % der Lehrkräfte an Colleges und Universitäten. Und die Zahl der selbständigen Unternehmerinnen in den USA ist von 26 120 im Jahr 1982 auf 41 148 im Jahr 1987 gestiegen. Außerdem definieren mehr Frauen als zuvor ihr Leben unabhängig von einem Mann. So entscheiden sich zum Beispiel viele Frauen dafür, allein ein Kind aufzuziehen.

Auch das Rollenverständnis der Männer ändert sich langsam, vor allem was Kindererziehung betrifft. Es gibt in den USA rund 257 000 Ganztagsväter – das entspricht rund 2 Prozent der verheirateten Eltern mit Kindern unter 18 Jahren, berichtet das amerikanische Arbeitsministerium.

Harte Tatsachen

»Die amerikanischen Frauen haben noch einen langen Weg vor sich, ehe sie das Gelobte Land der Gleichberechtigung erreichen«, schreibt Susan Faludi in *Die Männer schlagen zurück*. Hier einige Fakten aus ihrem Buch:

- 80 Prozent der berufstätigen Frauen arbeiten immer noch in traditionell »weiblichen« Berufen.
- In den Jahren der Reagan-Regierung sind die Klagen wegen Benachteiligung aufgrund des Geschlechts um nahezu 25 Prozent gestiegen, die Anzeigen wegen sexueller Belästigung um fast 70 Prozent.
- Die Zahl der Vergewaltigungen hat sich seit Anfang der 70er Jahre mehr als verdoppelt, und fast die Hälfte aller obdachlosen Frauen sind vor ihren gewalttätigen Männern geflüchtet.

Frauen und politische Macht

• Frauen stellen rund 53 Prozent der amerikanischen Wähler, aber 1991 gab es nur zwei weibliche Senatoren und drei weibliche Gouverneure.
• Der Kolumnist William Safire meint, daß viele Frauen »ihr [eigenes Geschlecht] enttäuschen, weil sie nicht mehr weibliche Kandidaten fordern und sie nicht unterstützen, wenn sie aufgestellt werden«.
• Eine feministische Gruppe in Iowa fordert ein »Quoten«gesetz, das den Gouverneur dazu verpflichten würde, für alle staatlichen Gremien und Ausschüsse gleich viele Männer und Frauen zu ernennen.

Die finanzielle Realität

• Dem US-Bundesamt für Statistik zufolge leben 57,4 Prozent der geschiedenen Ex-Hausfrauen und 47,6 Prozent der alleinerziehenden Mütter nahe oder unter der Armutsgrenze.
• Im Jahr nach der Scheidung sinkt der Lebensstandard einer Frau um rund 73 Prozent, wohingegen sich der des Mannes um 42 Prozent erhöht, berichtete der *Almanac of the American People* im Jahr 1988.

Die Männerbewegung

Von der Ost- bis zur Westküste treffen sich heute Tausende von (zumeist weißen) Männern, um miteinander über ihre Gefühle und Probleme zu sprechen, wie zum Beispiel: »Wo war mein Vater in den Jahren meiner Kindheit und Jugend?«; »Warum befriedigt mich meine Arbeit nicht?«; »Was bedeutet Mannsein in der modernen Gesellschaft?« Die inoffiziellen Führer der Männerbewegung sind der Dichter Robert Bly, der *Eisenhans* geschrieben hat, und Sam Keen, Autor von *Feuer im Bauch*. Beide Autoren legen den Männern eindringlich nahe, ihre männliche Kraft positiv einzusetzen und nicht nur hinter Geld und Macht herzujagen.

♀♂

Jetzt mach doch auch mal was!

Frauen sind immer noch viel mehr für Haushalt und Kinder zuständig als Männer

Frauen erledigen immer noch 70 Prozent der Arbeiten im Haushalt, auch wenn sie ganztags berufstätig sind. In den 80er Jahren wurden viele als »Superfrauen« bezeichnet, weil sie einen Beruf, Kinder, Mann und Haushalt unter einen Hut brachten. Die Frauen waren fasziniert von der Chance, mehr zu sein, zu tun und zu haben als die Frauen in der Vergangenheit. Jetzt, in den 90er Jahren, schätzen viele Frauen ihre Möglichkeiten realistischer ein – und wollen mehr denn je, daß ihre Männer mithelfen.

Die zweite Schicht

Die Soziologin Arlie Hochschild hat untersucht, was in Familien, in denen beide Partner berufstätig sind, abends, nach dem »Arbeitstag«, abläuft. Sie stellte fest, daß es überwiegend die Frauen sind, die den Löwenanteil der Arbeit erledigen. Hier einige Erkenntnisse aus ihrem beeindruckenden Buch *Der Achtundvierzigstundentag*:

• Nur 20 Prozent der Männer machen im Haushalt ebensoviel wie die Frauen.

• Männer übernehmen seltener »unangenehme« Arbeiten wie die Toilette putzen.

• Die meisten Frauen akzeptieren zwar dieses Mißverhältnis »um des lieben Friedens willen«, leiden aber häufig an chronischer Erschöpfung, haben wenig Lust auf Sex und sind öfter krank.

• Nur wenige Arbeitgeber bieten Teilzeitarbeit, Elternurlaub oder Kinderbetreuung an. Wir brauchen »eine Gesellschaft, die in humaner Weise der Tatsache Rechnung trägt, daß die meisten Frauen außerhalb des Heims arbeiten«, fordert Hochschild.

Die Folge dieser sehr ungleichen Lastenverteilung ist, meint Hochschild, daß beide Partner leiden. »Ich habe festgestellt, daß die Männer, die sehr wenig im Haushalt mithelfen, von der Tatsache, daß diese Arbeit eben auch gemacht werden muß, oft genauso betroffen sind wie ihre Frauen, weil ihnen ihre Frauen diese mangelnde Unterstützung übelnehmen und sie dann ihren Ärger abbekommen.«

Interessante Zitate

- »Eine der hart erkämpften Errungenschaften der Frauenbewegung ist das Recht, unheilbar erschöpft zu sein.« – Erica Jong
- »Die Ehe ist, selbst im günstigsten Fall, keine Einrichtung zum Wohle der Frauen. Ob wir zu Hause bleiben oder einem Beruf nachgehen, es wird auch heute im Grunde immer noch als unsere Pflicht angesehen, daß wir uns um Kinder und Haushalt kümmern und unserem Mann das Leben angenehm machen.« – Meredith Baxter Birney.

Auf Kontrolle verzichten

Wieviel von der Arbeitsüberlastung der Frauen ist ihrem Hang zur Fürsorglichkeit zuzuschreiben und wieviel den überholten Vorstellungen davon, wie eine Frau und Mutter sein sollte? Was passiert, wenn die Betten einmal nicht gemacht sind, die Kinder sich morgens ihre Haferflocken selbst nehmen, der Abfall einen Tag länger im Eimer bleibt? Ich höre viele Frauen über all die Hausarbeit klagen, und gleichzeitig lehnen sie es ab, ihre Kinder und den Mann mithelfen zu »lassen«, weil sie »es nicht richtig machen« (d. h. nicht so, wie die Frau es machen würde).

Ellen Galinsky vom Institut für Familie und Arbeit meint, daß sich anhand von drei Punkten voraussagen läßt, ob Männer und Frauen sich die Hausarbeit gleichberechtigt teilen werden: wenn die Frau davon überzeugt ist, daß solche Aufgaben geteilt werden sollten; wenn sie bereit ist zu akzeptieren, daß ihr Mann die Sachen vielleicht anders macht als sie; und wenn sie ebensoviel oder mehr verdient als er.

Etwas zum Besseren ändern

- **Frauen:** Wenn Sie zu Hause ständig am Machen sind und er inzwischen die Beine hochlegt, sollten Sie weniger und ihn mehr tun lassen.
- **Männer:** Es wird Zeit, daß Sie Ihren Teil übernehmen. Ihre Frau wird weniger Groll auf Sie haben, wenn Sie mehr machen als nur die Sachen, die Sie ganz gern erledigen.

♀♂

Fast wie im richtigen Leben

Filme sind mehr auf das männliche als auf das weibliche Publikum zugeschnitten

»Komm, gehen wir ins Kino! Wie wär's mit ›Harley Davidson und der Marlboro-Mann‹?« Wenn Sie ein Mann sind, haben Sie entschieden mehr Auswahl als Frauen. Die Filmindustrie behauptet, sie richte sich nach dem Geschmack des Publikums – die größte Gruppe der Kinogänger sind junge Männer zwischen 16 und 25 Jahren, berichtet *USA Today* – aber vielleicht liegt das daran, daß die Thematik der meisten Filme eben diese Jungen und Männer anzieht. (Warum bekommen wir nicht mehr Filme zu sehen wie *Stand By Me – Das Geheimnis eines Sommers oder E.T.*, wo auch Mädchen oder Frauen wichtige Rollen haben?)

Es trifft sicher zu, daß mehr Frauen bereit sind, in einen Film wie *Rambo* zu gehen, als Männer willens, sich *Grüne Tomaten* bis zur letzten Minute anzuschauen. Frauen interessieren sich aufgrund ihrer starken Bezogenheit auf andere mehr für die Erlebnisse des anderen Geschlechts, während Männer eher nach Ähnlichkeiten suchen, mit denen sie sich identifizieren können.

Meryl, Cher & Callie

- »Statt Filme für die Zielgruppe der Machos zu machen, sollten sich die Produzenten lieber fragen: ›Welche Leute bleiben gerade da zu Hause?‹« – Meryl Streep
- »Es wäre schön, wenn es mehr Filme wie *Der mit dem Wolf tanzt* oder *Mondsüchtig* gäbe als Gegengewicht zu solchen wie *Zwei stahlharte Profis* und *Stirb langsam*. Wenn Filme ein Spiegelbild der Gesellschaft sind, dann sollte jemand schnellstens die Sanitäter holen.« – Cher
- »Filme beschäftigen sich nie mit der ungeheuren Wut der Frauen über die schikanöse Behandlung ihres Geschlechts.« – Callie Khouri, Drehbuchautorin des Films *Thelma und Louise* (der dieses Problem in Angriff genommen hat)

Sie sucht sich unmögliche Typen

»Es wird schon zur Routine, daß weibliche Hauptdarstellerinnen sich am Anfang eines Films mit allen möglichen und unmöglichen Typen abgeben«, sagt Michael McCambridge, der für eine Presseagentur schreibt. »Daß diese smarten Frauen sich immer wieder auf solche Torheiten einlassen, impliziert, daß die moderne Frau immer noch co-abhängig und passiv, ist und mit irgendeinem Typen herumhängt, bis sie wundersamerweise von dem richtigen Mann zur richtigen Zeit gerettet wird.« Zu dieser Kategorie von Film gehören unter anderem *Grüße aus Hollywood, Der Feind in meinem Bett* und *Sarah und Sam*. Schuld daran sind die (meist männlichen) Drehbuchautoren.

Ältere Frauen im Film

Ältere Frauen werden ganz anders dargestellt als Männer und jüngere Frauen. Die Wissenschaftlerinnen Carol Taylor und Elizabeth Markson haben festgestellt, daß:

- ältere Männer im Film als distinguiert, Frauen hingegen als alt dargestellt werden;
- ältere Frauen, wenn sie für wichtige Rollen besetzt werden, oft den »guten Engel« für Männer und Familien spielen;
- Männer, die den Oscar für die beste Hauptrolle bekamen, im Durchschnitt 45 Jahre alt waren, ihre weiblichen Gegenstücke im Durchschnitt 35.

Geht der Trend zur knallharten Frau?

In den letzten Jahren waren drei Filme erfolgreich, bei denen schlagkräftige, bewaffnete Frauen wichtige Rollen hatten: *Thelma und Louise, Terminator II – Tag der Abrechnung* und *V. I. Warshawski*. Wie sich dieser Trend weiterentwickelt, bleibt abzuwarten.

Männliche Rollenbilder

Männer beherrschen vielleicht die Leinwand, aber deswegen sind ihre Rollen auch nicht gesünder als die der Frauen. »So extreme Macho-Filme wie *Rambo* und *Robocop* sprechen Jungen an, die verzweifelt nach ihrer schwer definierbaren Männlichkeit suchen. Wenn das die Filme sind, nach denen in unserem Jahrzehnt die Geschlechterrollen eingeübt werden, mache ich mir ernste Sorgen«, schreibt Frank Pittman im *Networker*.

Der Schriftsteller Joe Baltake pflichtet ihm bei: »Filme liefern ziemlich miese Vorbilder dafür, was es heißt, ein Mann zu sein.« Vielleicht lassen sich die Filmemacher von der Männerbewegung dazu ermutigen, auch die weiche, fürsorgliche Seite von Männern zu zeigen. Sind *König der Fischer* und *In Sachen Henry* Vorboten der guten Dinge, die da noch kommen?

Auf den Punkt gebracht

♀♂

Die Unterschiede

Hier in Kurzform alle männlichen und weiblichen Persönlichkeitsmerkmale, die in diesem Buch behandelt wurden. Wenn Sie sich damit befassen, werden Sie hoffentlich sich selbst und andere besser verstehen lernen. Sie werden zwischen den »Geschlechts«merkmalen und den »individuellen« Charakterzügen eines Menschen unterscheiden können – eine sehr nützliche Fähigkeit im Privatleben wie im Beruf. Lesen Sie die Eigenschaften zuerst von links nach rechts durch, damit Sie einen Vergleich zwischen Männern und Frauen haben, und dann von oben nach unten, um ein Gespür dafür zu bekommen, was Mannsein und Frausein ausmacht.

Er:	**Sie:**
Mehr selbstbezogen	Mehr auf andere bezogen
Braucht weniger Intimität	Braucht mehr Intimität
Hat Angst vorm Aufgefressenwerden	Hat Angst vorm Verlassenwerden
Ist weniger nachtragend	Ist nachtragender
Braucht weniger Bestätigung	Braucht mehr Bestätigung
Stärkere Identität	Schwächere Identität
Ist unabhängiger	Ist abhängiger
Oft kühl und distanziert	Oft emotional
Bekommt Aufmerksamkeit	Gibt Aufmerksamkeit
Stark konkurrenzorientiert	Weniger konkurrenzorientiert
Strebt sehr nach Macht/Geld	Macht/Geld weniger wichtig
Respekt sehr wichtig	Respekt weniger wichtig
Oft Sportfanatiker	Sport weniger wichtig
Redet meist über »Dinge«	Redet meist über »Leute«
Privat weniger gesprächig	In der Öffentlichkeit weniger gesprächig
Nimmt Aussagen wörtlich	Sucht nach versteckten Bedeutungen
Direktere Sprache	Indirektere Sprache
Kein so guter Zuhörer	Guter Zuhörer
Trifft schneller Entscheidungen	Braucht für Entscheidungen mehr Zeit
Redet weniger über andere	Redet mehr über andere
Macht andere gern herunter	Lästert gerne hintenherum

Stärker lösungsorientiert	Bespricht Probleme gern ausführlich
Entschuldigt sich weniger	Entschuldigt sich öfter
Erzählt mehr Witze	Erzählt weniger Witze
Läßt sich ungern helfen	Kann Hilfe gut annehmen
Streicht gern seine Leistungen heraus	Plustert sich weniger auf
Nörgelt weniger	Nörgelt häufiger
Schüchtert andere oft ein	Schüchtert andere selten ein
Erteilt Befehle	Macht Vorschläge
Ist konfliktfreudig	Geht Konflikten eher aus dem Weg
Wird gerne bewundert	Bewundert andere gerne
Scheut eine feste Bindung	Sucht nach fester Bindung
Eifersüchtig bei sexueller Untreue	Eifersüchtig bei emotionaler Untreue
Akzeptiert andere eher	Versucht andere mehr zu ändern
Ist gerne der Nehmende	Ist gerne die Gebende
Eher polygam veranlagt	Eher monogam veranlagt
Eher sadistisch	Eher masochistisch
Will mehr Sex	Will mehr Liebe
Hat weniger enge Freunde	Hat viele enge Freunde
Mag Gruppenaktivitäten	Zieht Zweisamkeit vor
Macht sich weniger Gedanken über andere	Macht sich mehr Gedanken über andere
Ist streßanfälliger	Ist weniger streßanfällig
Vertraut anderen weniger	Ist oft zu gutgläubig
Ist aggressiver	Ist weniger aggressiv
Fängt Kriege an	Ist friedliebend
Körperhaltung eher zurückgeneigt	Körperhaltung mehr anderen zugeneigt
Eher cooler/verführerischer Sexappeal	Eher warmer/sinnlicher Sexappeal
Hat mehr Testosteron	Hat Mehr Östrogen
Macht selten Diäten	Macht häufiger Diäten
Sorgt sich weniger um die Gesundheit	Sorgt sich mehr um die Gesundheit
Macht sich weniger Gedanken um das Aussehen	Macht sich mehr Gedanken um das Aussehen
Riskiert körperlich mehr	Riskiert körperlich weniger
Kauft ein, wenn er etwas braucht	Genießt das Einkaufengehen

♀♂

Die Mann/Frau-Zehnerskala

Ich habe schon im ersten Kapitel angemerkt, daß man sich die individuellen männlichen und weiblichen Wesenszüge am besten an einer durchgehenden Skala zwischen zwei Extremen vorstellt. Die nachfolgende Skala zwischen eins und zehn wird Ihnen helfen, Männer und Frauen besser zu verstehen.

Die Zehner – die Extremfälle (Der Schlägertyp, die Geschlagenen)

Diese extrem selbstbezogenen Männer und extrem auf andere bezogenen Frauen verletzen sich selbst und/oder andere auf vielerlei Weise. Zu dieser Kategorie gehören auch Menschen mit schweren psychischen Problemen. Die Männer können ihre Aggressionen nicht beherrschen, neigen zu Paranoia und sind häufig Einzelgänger. Die Frauen sind extrem abhängig und emotional.

Die Siebener, Achter, Neuner – die schwierigen Fälle (Der Grobian, der Macho, Frau Fußabstreifer, Fräulein Immer-Nett, Frau Mutter-für-Alle)

Diese stark selbstbezogenen Männer und stark auf andere bezogenen Frauen sind wie die oben erwähnten Typen, aber weniger extrem. Ihr Verhalten wirkt wie eine Karikatur ihres Geschlechts – die in diesem Buch beschriebenen Wesenzüge treffen nahezu perfekt auf sie zu, einer wie der andere. Solche Männer machen Frauen das Leben schwer, und die Frauen lassen sich herumstoßen. Die Frauen lieben die Männer meist zu sehr, die Männer wollen bewundert werden und scheuen eine feste Bindung.

Die Dreier, Vierer, Fünfer, Sechser – die gemäßigten Fälle (die Durchschnittsmenschen)

Männer dieses Typs sind nicht allzu selbstbezogen, können also auch auf andere eingehen – vielleicht 25 bis 35 Prozent der Zeit. Die Frauen sind nicht übertrieben auf andere bezogen, haben also ein gewisses, wenn auch nicht ausgeprägtes Selbstwertgefühl. Die gemäßigten Fälle weisen nicht jeden für ihr Geschlecht typischen Wesenszug auf; in manchen Dingen sind sie dem jeweils anderen Geschlecht ähnlicher.

Die Einer, Zweier – die leichten Fälle (Herr Superfürsorglich, der nette Junge, die selbständige Frau)

Diese wenig selbstbezogenen Männer und wenig auf andere bezogenen Frauen sind fast in einem harmonischen Gleichgewicht – wie wichtig sie sich selbst und andere nehmen, hält sich also fast die Waage. Solche Männer sind herzlicher und fürsorglicher als der Durchschnittsmann, und die Frauen sind kühler und weniger emotional als die Durchschnittsfrau. Beide können mit den meisten Problemen vernünftig und konstruktiv umgehen, weil sie frei entscheiden können, ob und wieviel sie sich selbst oder anderen geben.

Gegensätze ziehen sich an

Es ist schlicht Tatsache: Gegensätze ziehen sich sehr oft an. Männer und Frauen fühlen sich meistens zu Menschen sexuell hingezogen, die auf der Zehnerskala in etwa die gleiche Position haben wie sie selbst. Das gilt für Liebespartner, aber auch für Freunde. So wird zum Beispiel Joe Macho wahrscheinlich auf Frau Fußabstreifer abfahren, und seine Freunde werden ähnliche Rambo-Typen wie er selbst sein. Ebenso wird Herr Superfürsorglich sich zu Frau Selbständig hingezogen fühlen, und ihre Freunde werden ihnen ziemlich ähnlich sein.

♀♂

Ihr Testergebnis

Hier die Auflösung
zu dem Test auf den Seiten 14 und 15:

1. Falsch
2. Falsch
3. Richtig
4. Falsch
5. Falsch
6. Falsch
7. Richtig
8. Richtig
9. Falsch
10. Richtig
11. Falsch
12. Richtig
13. Richtig
14. Richtig
15. Falsch
16. Richtig
17. Falsch
18. Falsch
19. Richtig
20. Richtig
21. Richtig
22. Falsch
23. Falsch
24. Falsch
25. Richtig
26. Falsch
27. Richtig
28. Falsch
29. Richtig
30. Falsch

Super .... 28–30 richtige Antworten
Gut .... 25–27 richtige Antworten
Passabel .... 21–24 richtige Antworten

♀♂

Bibliographie

Adams, Virginia: »Getting at the Heart of Jealous Love«, in: *Psychology Today*, Mai 1980, S. 38.
Alexander, Shana: *When She Was Bad*, New York, 1991.
Allis, Sam: »What Do Men Really Want?«, in: *Time*, Herbst 1990, S. 80.

Baer, Jean: *How to Be an Assertive (Not Aggressive) Woman*, New York, 1976.
Baldwin, Dr. Bruce A.: »The Competition Compulsion«, in: *U. S. Air*, April 1990, S. 28–35.
Barash, David, Zoologe: *Das Flüstern in uns*, Frankfurt/Main, 1981.
Barbieri, Susan M.: »An Affair to Forget«, in: *Orlando Sentinel*, 1991.
Barker, Robert L.: *The Green Eyed Marriage*, New York, 1987.
Barry, Dave: *Dave Barry's Greatest Hits*, New York, 1988.
Bass, Allison: »Eating Disorders: Society's Revenge on Women«, in: *Boston Globe*, 28. Dezember 1991.
Beck, Aaron T.: *Liebe ist nie genug*, Köln, 1992.
Bellinger, David C. und Jean Berko Gleason: »Sex Differences in Directives to Young Children«, in: *Sex Roles: A Journal of Research*, Band 8, Nr. 11, November 1982, S. 1123.
Benbow, Camilla Persson: »Sex Differences in Mathematical Ability: Fact or Artifact?« in: *Science*, Dezember 1980.
Berkowitz, Bob und Gittines, Roger: *What Men Won't Tell You But Women Need To Know*, New York, 1990.
Blakeslee, Sandra: »The True Story Behind Breast Implants«, in: *Glamour*, August 1991.
Bloom, Lynn Z., Karen Coburn, Joan Perlman: *Die selbstsichere Frau*, Reinbek, 1990.
Bly, Robert: *Eisenhans*, München, 1991.
Bohl, Julie, zitiert in »Losing It« von Gaile Robinson, in: *Los Angeles Times*, 1991.
Bower, Bruce: »Darwin's Minds«, in *Science News*, Band 140, 12. Oktober 1991. S. 232–234.
Braiker, Harriet B.: *Giftige Beziehungen – Wenn andere uns krank machen*, Frankfurt/Main, 1993.
Brody, Robert: »Psych Outs«, in: *Men's Health*, Frühjahr 1989, S. 62.
Brothers, Joyce: *Ich liebe ihn und möchte ihn auch verstehen*, Bern, 1983.
Browder, Sue: »Man vs. Woman«, in: *Woman*, September 1990, S. 22.
Brown, Richard, Professor für Film, zitiert in »Few movies have the feminine touch« von Dottie Enrico, in: *The Contra Costa Times*, 16. Oktober 1990.

Butler, Pamela E.: *Self-Assertion for Women*, San Francisco, 1981.

Campbell, Anne: *The Opposite Sex*, Topsfield, MA, 1989.
Cannon, Dyan: »Dyan Cannon« von Richard Meryman, in: *Lear's*, Januar 1991. S. 71.
Carter, Steven und Julia Sokol: *Angst vor der ewigen Liebe*, Zürich, 1989.
Cher, Schauspielerin: »Cher Today« von Jim Jerome, in: *People*, 21. Januar 1991, S. 78.
Chodorow, Nancy: *Women, Culture and Society*, Stanford, 1974.
Collins, Joan: *Past Imperfect*, Berkeley Books, New York, 1985.
Crisp, Quentin: »Idle Chatter«, in: *Lear's*, Juni 1990, S. 72.

Darling, Lyn: »Finally, We Can Deal With Authority Figures«, in: *Self*, September 1990, S. 217.
Davis, Flora: »How to Read Men«, in: *Woman's Day*, 15. November 1983.
Davis, Susan: »Ruled by Hormones«, in: *San Francisco Examiner*, 7. November 1990.
DeAngelis, Barbara: *Männer – Was jede Frau wissen sollte*, München, 1992.
Druck, Ken: *The Secrets Men Keep*, New York, 1985.
Dunaway, Diane & Jonathan Kramer: *Why Men Don't Get Enough Sex and Women Don't Get Enough Love*, New York, 1990.

Edwards, Owen: »On Being A New Man«, in: *Cosmopolitan*, S. 170.
Eichenbaum, Louise und Orbach, Susie: *Was wollen die Frauen?*, Düsseldorf, 1993.
Ellsworth, P. und Ross, L.: »Intimacy in response to direct gaze«, in: *Journal of Experimental Social Psychology*, 1975.
Evatt, Cris und Feld, Bruce: *The Givers and the Takers*, New York, 1988.
Evert, Chris: »My Love Match With Andy«, in: *Good Housekeeping*, Oktober 1990, S. 86.

Faludi, Susan: *Die Männer schlagen zurück*, Reinbek, 1993.
Farrell, Warren: *Warum Männer so sind, wie sie sind*, Hamburg, 1988.
Fasteau, Marc Feigen: *The Male Machine*, New York, 1974.
Fisher Roger und William Ury: *Gute Beziehungen*, Frankfurt/Main, 1989.
Forbes, Dinah: »Women and Men: Is it Possible to Get Along?«, in: *Utne Reader*, November/Dezember 1990, S. 85–86.
Fraser, Antonia: *Love Letters*, o. J., 1989.
Friedman, Roberta: »Hand Jive«, in: *Psychology Today*, Juni 1988.
Friedman, Sonja: *Männer zum Nachtisch*, Frankfurt/Main, 1986.

Garai, J. E. und A. Scheinfeld: *Genetic Psychology Monographs*, 1968, S. 77, 169–229.
Garfinkel, Perry: *In a Man's World*, New York, 1985.

Garner, David: »Rent a New Thinner Body«, in: *Radiance*, Winter 1991.
Gilligan, Carol: *Die andere Stimme*, München, 1991.
Gish, Annabeth: »The Dish on Gish« von Nikki Finke in: *Mademoiselle*, April 1990, S. 100.
Glantz, Kalman und John K. Pearce: *Exiles from Eden*, New York, 1989.
Goldberg, Herb: *Veränderungen. Das neue Verhältnis zwischen Mann und Frau*, Reinbek, 1987.
–: *What Men Really Want*, New York, 1991.
Goenka, S. N.: *Vipassana Meditation*, San Francisco, 1987.
Gonick, Jean: »Girl Talk«, in: *Glamour*, August 1990, S. 227.
Gray, John: *Men, Women And Relationships*, Hillsborough, Oregon, 1990.
Gumbel, Bryant: »Today's Man«, in: *McCalls*, Juni 1987, S. 69.

Hall, J.: »Gender effects in decoding nonverbal cues«, in: *Pychological Bulletin*, 1978.
Halpern, Howard M.: *Liebe und Abhängigkeit*, Hamburg, 1984.
Hamill, Pete: »What Men Talk About When They Talk About Women«, in: *Cosmopolitan*, April 1988, S. 219.
Harding, M. Esther: *Der Weg der Frau*, Zürich, 1943.
Harrison, Barbara Grizzuti: »Is sisterhood still powerful?«, in: *Cosmopolitan*, April 1990, S. 154.
Haskell, Molly: *From Reverence To Rape*, Chicago.
Hayes, Jody: *Smart Love*, Los Angeles, 1989.
Hemingway, Ernest: *Wem die Stunde schlägt*, Frankfurt/Main, 1986.
Hite, Shere: *Frauen und Liebe*, München, 1988.
Hochschild, Arlie: *Der Achtundvierzigstundentag*, Wien, 1990.
Hood, Ann: »The Answer Couple«, in: *Glamour*, Juli 1990, S. 97.
Hutchison, Michael: *Megabrain*, Basel, 1990.

Irby, Christopher: »Girl Talk, Boy Talk«, in: *Cosmopolitan*, Mai 1988.

Jaffe, Dennis: *Working with the Ones You Love*, Emeryville, CA, 1991.
James, Jennifer: *Success is the Quality of Your Journey*, New York, 1983.
Jemmott, John III: »They're Life Shortening«, in: *Longevity*, Oktober 1990, S. 18.
Johnson, Kaufman Lee: »Let's Talk«, in: *Contra Costa Times*, 16. Oktober 1990.
Johnson, Karen und Tom Ferguson: *Trusting Ourselves: The Sourcebook on Psychology for Women*, New York, 1990.
Jong, Erica: *Der letzte Blues*, Bern, 1990.

Kaplan, Janice: »The Trouble with Co-Dependency«, in: *Self*, Juli 1990.
Karen, Bob: »How and When do Men Decide To Marry?«, in: *Cosmopolitan*, Juli 1990, S. 180.

Kassorla, Irene C.: *Tun Sie's doch!*, Bayreuth, 1985.
Keen, Sam: *Feuer im Bauch*, Hamburg, 1992.
Khourie, Callie: zitiert in *Glamour*, August 1991, S. 142.
Kitzinger, Sheila: *Sexualität im Leben der Frau*, München, 1986.
Konner, Melvin: *Why the Reckless Survive... and Other Secrets of Nature*, New York, 1990.
Korda, Michael: *Male Chauvinism*, New York, 1972.
–: »The Feminist Revolution«, in: *Cosmopolitan*, Mai 1990, S. 327.
Krupnick, Catherine, Ed. D.: »Women Outtalked in Class«, in: *Glamour*, August 1990, S. 92.

Lakoff, Robin Tolmach: *Talking Power*, 1990.
Lever, Janet »Sex Differences in the Games Children Play«, in: *Social Problems* 23, 1976, S. 478–483.
Levinson, R. und Gottman, J.: *Journal of Personality and Social Psychology*, 1985, S. 49, 85–94.
Levitt, Shelley: »Why Women Cheat«, in: *New Woman*, Oktober 1990.
Levy, Jerre: *Cerebral Correlations of Conscious Experience*, New York, 1978.
Lindbergh, Anne Morrow: *Muscheln in meiner Hand*, München, 1990.
Linquist, Luann: *Secret Lovers*, Lexington, MA, 1989.
Lykken, David T.: »Study of Twins Emphasizes Importance of Heredity«, in: *Los Angeles Times*, 12. Oktober 1990.

MacCambridge, Michael: »Why Women in Films Pick Jerky Boyfriends«, in: *Cox Newsservice*, Juli 1991.
Maccoby, Eleanor Emmons und Carol Nagy Jackin: *The Psychology of Sex Differences*, Palo Alto, 1974.
Majeski, William J.: *The Lie Detection Book*, New York, 1991.
Markham, Howard J.: Zitiert in »Talking Between The Sexes« von Leslie Drefous in: *Los Angeles Times*, September 1990.
McEnroe, Colin: »All Pent Up«, in: *Mirabella*, Juli 1990, S. 50.
McGill, Michael E.: *The McGill Report on Male Intimacy*, New York, 1985.
McWilliams, Peter und John-Roger: *Life 101*, Los Angeles, 1991.
Meadors, Ellyn: »The Art of Complaining«, in: *New Woman*, Oktober 1990.
Menninger, Karl: *Liebe und Haß*, Stuttgart, 1985.
Merlin, Katharine: »Sexual Jealousy«, in: *Cosmopolitan*, Oktober 1987.
Miller, Jean Baker: *Die Stärke weiblicher Schwäche*, Frankfurt/Main, 1989.
Milwid, Beth: *Allein unter Männern*, Düsseldorf, 1993.
Mitchell, Stephen: Tao Te Ching, New York, 1988.
Moir, Anne und David Jessel: *Brain Sex*, Düsseldorf, 1990.
Mornell, Pierre: *Passive Men, Wild Women*, New York, 1984.
Monthly Vital Statistics Report 39 (Nr. 7, Nachtrag): 4, 1990.

Morris, Desmond: *Der Mensch, mit dem wir leben*, München, 1982.

Naifeh, Steven und Gregory White Smith: *Why Can't Men Open Up*, New York, 1984.
National Organization for Women, Seattle-King County NOW: *Women, Assert Your Self!*, New York, 1976.
Nesbit, Lyn: »Men and Bimbos«, in: *Self*, Juli 1990, S. 111.
Norwood, Robin: *Wenn Frauen zu sehr lieben*, Reinbek, 1990.
Notarius, C. I. und J. Johnson: *Journal of Marriage and the Family*, 1982, 44, S. 483–489.

Peele, Stanton: *Love Addiction*, New York, 1976.
Peck, M. Scott: *Der wunderbare Weg*, München, 1989.
Person, Ethel S.: »Some Differences Between Men and Women«, in: *The Atlantic Monthly*, März 1988, S. 71–76.
Pfeiffer, Michelle, Schauspielerin, zitiert in *New Woman*, Oktober 1990, S. 20.
Pittman, Frank: »Chivalry for the '90's«, in: *Networker*, November/Dezember 1990.
Pokela, Barbara: »Women See More to Life than Profits«, in: *Minnesota-St. Paul Star Tribune*, 1990.
Prose, Francine: »Men May Fall for It, but Don't Be Shy and Sweet When You Talk With Them«, in: *Self*, Juli 1991.
Pruett, Kyle D.: *Die neuen Väter*, München, 1988.

Ralston, Jeannie: »Know Your Enemies«, in: *Glamour*, August 1991.
Reagan, Nancy: »He Might Have Run Again« von Edward Klein, in: *Parade*, 12. August 1990.
Reiss, Bob: »The Answer Couple«, in: *Glamour*, Juli 1990, S. 96.
Rhodes, Sonya und Marlin S. Potash: *Wenn Männer sich nicht binden wollen*, München, 1988.
Rickard, Jacqueline: *Save Your Marriage Ahead of Time*, New York, 1991.
Rinehart, Mary Roberts: *Isn't That Just Like A Man!*, New York, 1920.
Rosen, Ruth: »The Anti-War Gender Gap Is Back«, in: *Los Angeles Times*, 26. November 1990.
Rubin, Lillian: *Just Friends*, New York, 1985.

Safire, William: »A Bad Year for Women Around the World«, New York Times News Service, in: *San Francisco Chronicle*, 21. Dezember 1990.
Scarf, Maggie: *Autonomie und Nähe*, München, 1990.
Schaef, Anne Wilson: *Weibliche Wirklichkeit*, München, 1992.
Scheele, Dr. Adele: »The Flash Factor«, in: *Working Woman*, September 1990, S. 76.
–: »Male Bonding: Can you beat it?«, in: *Working Woman*, Dezember 1990.

Seymour, Jane: »Not-So-Plain Jane Seymour«, in: *The Saturday Evening Post*, Mai/Juni 1990.
Shaevitz, Marjorie: *The Superwoman Syndrome*, New York, 1984.
Siegel, Paula M.: »Can You Psych Yourself Into Sex«, in: *Self*, Dezember 1990.
Sommers, Robert: zitiert in »More Men Seem to Have ›Shopping Gene‹« von Faizah Alim, McClatchy News Service, 25. Juli 1991.
Stallone, Sylvester: »Rocky and Sly Goin Home«, in: *San Francisco Chronicle*, 26. Oktober 1990.
Stein, Harry: »Ask Harry«, in: *Men's Life*, Herbst 1990.
Stein, Ruthe: »At Last a Way to Talk To Your Mate«, in: *San Francisco Chronicle*, September 1990.
–: »You Have To Know When To Give Up«, in: *San Francisco Chronicle*, Oktober 1990.
Stein, Sara Bonnet: *Girls & Boys: The Limits of Nonsexist Childrearing*, New York, 1983.
Steinem, Gloria: »When Gloria Speaks... Women Listen« von Christine Wolfe, Gannet News Service, in: *Marin Independent Journal*, 30. Oktober 1990.
–: »The Divinely Outspoken Ms. Steinem«, in: *Cosmopolitan*, Juli 1990.
Stevens, Anthony: *The Roots of War*, New York, 1989.
Streep, Meryl, Schauspielerin: »TV and Film Actresses Seek Equal Pay«, in *USA Today*, 2. August 1990.
Stump, Jane Barr: *What's The Difference*, New York, 1985.

Tanenbaum, Joe: *Mann und Frau oder Der große Unterschied*, Zürich, 1991.
Tannen, Deborah: *Du kannst mich einfach nicht verstehen*, Hamburg, 1991.
–: *Das hab' ich nicht gesagt!*, Hamburg, 1992.
Taylor, Carol und Elizabeth Markson: »Interpretations of Older Women in Film: A Sociological and Psychological Analysis«.
Thompson, Keith: *To Be a Man*, Los Angeles, 1991.
Toufexis, Anastasis: »Coming from a Different Place«, in: *Time*, Herbst 1990.

Ullman, Tracey: zitiert in *New Woman*, Juni 1989.
University of California, *Berkeley Wellness Letter*: »Codependency«, Juni 1990, S. 7.

Vedral, Joyce: *Boyfriends: Getting Them, Keeping Them, Living Without Them*, New York, 1990.

Wagenvoord, James und Peyton Bailey: *Women: A Book For Men*, New York, 1979.

Waggoner, Susan: »Compulsive Eating & Sex«, in *Cosmopolitan*, August 1990.
Walker, Lenore: *The Battered Woman*, New York, 1979.
Weiss, Daniel Evan: *The Great Divide: How Females & Males Really Differ*, New York, 1991.
Weitz, Shirley: *Nonverbal Communication*, New York, 1979.
Wesson, Carolyn: *Kaufrausch*, Bergisch Gladbach, 1994.
West, Candace und Don Zimmerman: »Sex Roles, Interruptions and Silences in Conversation«, in: *Language and Dominance*, S. 105–129, Newbury House, Rowley, MA, 1975.
Whiting, B. und C. Pope: »A cross-culture analysis of sex differences in the behavior of children age three to eleven«, in: *Journal of Social Psychology*, 1974.
White, Betty, Schauspielerin, zitiert in *New Woman*, Juni 1989.
Witelson, S. F.: »Sex and the Single Hemisphere«, in: *Science* 193, 1976, S. 425–427.
Wolf, Naomi: *Der Mythos Schönheit*, Reinbek, 1991.
Wyer, E. Bingo: »50 Ideas To Put Snap Into Your Career«, in: *Cosmopolitan*, Juni 1991.

Yoder, Barbara: *The Recovery Resource Book*, New York, 1990.

Zevin, Dan: »The Secret of Boys Clubs Revealed«, in: *Self*, März 1990.
Zimmerman, Joy: »Men Who Abuse Women«, in: *Pacific Sun*, 1. April 1988.

♀♂

Damit Sie nicht lange suchen müssen

Das Liebesleben

Freund & Feind

Von Kopf bis Fuß

Vermischtes

Auf den Punkt gebracht

♀♂

Danksagung

Viele Leute haben zur Entstehung dieses Buches beigetragen. Ganz besonders herzlich möchte ich danken:

Dave, meinem Mann – der sich all meine »faszinierenden Fakten« über Männer und Frauen angehört hat und so großzügig, gutmütig und fürsorglich ist.

Susan Marie Schustak, meiner Rechercheurin – die mir aktuelle Artikel, Bücher, Pressemitteilungen und Zeitungsausschnitte zum Thema Geschlechtsunterschiede besorgt hat. Susan hat durch ihre engagierte Mitarbeit zu Inhalt und Form dieses Buches sehr viel beigetragen. Ihre Begeisterung kannte keine Grenzen.

Theo Gund – der an meine Bücher und Ideen glaubt und sich für sie einsetzt.

Mary Jane Ryan und Julie Bennett, meinen Verlegerinnen – für ihre Sachkenntnis und Begeisterung.

Candice Fuhrman, meiner Literaturagentin – für ihre guten Vorschläge, ihre Rückenstärkung und ihren Humor.

Barbara Brauer und Stephanie Morrell – für ihre unschätzbare Hilfe bei der redaktionellen Arbeit.

June Gresser und Sandra Healey – die mir ganze Kisten von Forschungsunterlagen bringen ließen und mir einen Computer in ihr Büro stellten.

Viel geholfen hat mir auch die Unterstützung von Allyson Rusu, Mia Giles, Ev Dennison, Bruce Evatt, Susan Kirn, Patricia Nichols, Jacque Arabian, Paul und Evie Evatt, Kitti Cupp, Kathy La Rocque, Victoria Donald, Sid Morrell, Helen Strodl, Julie und Walter Grevesmuhl, Larry Bryant, Julie Jones, I. V. Peterson, Bernie Arthur, Lou Hefner, Connie Cox, Marti Rutishauser, John und Kathy Phair, Ryan Weerts, Joel Weerts, Dee Brueckmann, Betty Giles und Jane Miller.

Gerlis Zillgens

101 Gründe, ohne Männer zu leben

Mit einem Vorwort von Erika Berger. 118 Seiten. Serie Piper

Hand aufs Herz: Männer sind nachweislich die häufigste Geräuschbelästigung im Alltag. Türenknallen, »Tooor«-Brüllen, Schnarchen, Zähneknirschen. Und wer kennt sie nicht, die kleinen und größeren Widrigkeiten, die von hygienischen Fragwürdigkeiten über sexuellen Hochleistungszwang bis zu manchmal haarsträubender Häßlichkeit reichen? Gerlis Zillgens liefert uns 101 Gründe, ohne Männer zu leben. Das Pendant zu »101 Gründe, ohne Frauen zu leben« ist eine erstklassige Retourkutsche – spritzig, liebenswert, frech!

»Gerlis Zillgens nimmt mit viel Humor die Macken unserer doch unentbehrlichen Lieblinge auf die Schippe.«
Carina

05/1162/01/L

Jens Oliver Haas

101 Gründe, ohne Frauen zu leben

119 Seiten. Serie Piper

Mit messerscharfer Logik beweist Jens Oliver Haas, daß der Mann für das Zusammenleben hervorragend geeignet ist – nicht jedoch mit einer Frau. Das Ergebnis bestätigt, was wir im stillen schon immer wußten: Die Frau, ob als Mutter, als Mitbewohnerin, Freundin oder Ehefrau, macht das Leben des Mannes zum Martyrium. Mütter stricken ihren Söhnen babyblaue Pullover, um sie zu demütigen, Mitbewohnerinnen schleppen fremde Männer in die WG, um das Selbstwertgefühl ihrer Mitbewohner zu zerstören, und Freundinnen stellen den Radiowecker auf die absurdesten Zeiten. Augenzwinkernd erzählt Jens Oliver Haas aus dem Leben eines geplagten Mannes – amüsant und herzerfrischend für Menschen beiderlei Geschlechts.

05/1163/01/R

SERIE PIPER

SERIE PIPER

Stefanie Baumm

101 Gründe keine Kinder zu kriegen

128 Seiten. Serie Piper

Sie kennen das sicher: Der Blick gleitet durch die Wohnung und trifft auf ein Wesen von noch nicht einmal einem Meter Länge, das marodierend durch die Küche zieht, eine Spur der Verwüstung hinter sich lassend. Reste angenagter Brötchen und zerquetschter Bananen pflastern seinen Weg, derweil es unbeirrt auf den Schrank mit dem guten Geschirr zusteuert – vom Tod bedroht. Ein Fall für den Kinderschutz? Nein, meint Stefanie Baumm: Elternschutz, das ist es, was wir brauchen! Lesen Sie »101 Gründe, keine Kinder zu kriegen«, bevor Sie sich auf das Wagnis Kind einlassen. Wenn Sie schon welche haben, so wird dieses Buch trösten und aufmuntern – Kopf hoch, da müssen Sie durch!

05/1357/01/L

Edith Einhart

Kleine Liebesschule für Frauen

205 Seiten. Serie Piper

Alles was Spaß macht, ist entweder unmoralisch, verboten oder macht dick – doch das muß nicht sein! Edith Einhart spricht alle Fragen der Liebe offen an: Wo findet man den Traummann, wie merkt man, daß er der Richtige ist, wie behält man ihn und wie wird man ihn notfalls wieder los? Darf im Bett gelacht werden? Was hilft gegen Liebeskummer? Sachkundig und locker gibt Edith Einhart Antwort und eröffnet die Geheimnisse der perfekten Liebhaberin: die Kunst des Küssens, erotische Liebesspiele und die besten Sextechniken, die ihn richtig heiß machen. Ein vergnüglicher Ratgeber, der prickelnde Gefühle weckt und schon beim Lesen Lust auf mehr macht!

05/1038/01/R

Matthew Richardson

Das populäre Lexikon der ersten Male

Erfindungen, Entdeckungen und Geistesblitze von Abakus bis Zifferblatt. Aus dem Englischen von Susanne Warmuth. 533 Seiten. Serie Piper

Sie dachten, Columbus hätte Amerika entdeckt und Edison die erste Glühbirne zum Leuchten gebracht? Alles falsch, sagt Matthew Richardson und stellt einiges richtig über die Erfindungen und Geistesblitze der Menschheit. In seinem bunten Kompendium erfahren Sie, wann die ersten Schönheitswettbewerbe stattfanden und wem wir Seife, Klcbstoff und Tinte zu verdanken haben.

»Richardsons Lexikon ist ›Edutainment‹ erster Güte. Es fordert unterhaltsam und spannend Respekt für die Leistungen und den Erfindungsgeist aller Kulturen dieser Welt.«

Rheinischer Merkur

05/1149/01/L

Walter Krämer, Götz Trenkler

Das Beste aus dem Lexikon der populären Irrtümer

441 Seiten. Serie Piper

Meinen Sie etwa, daß Sonnenblumen ihre Blüten nach der Sonne drehen? Glauben Sie, daß es einen weiblichen Papst namens Johanna gegeben hat? Halten Sie gar Champagner für eine französische Erfindung? Weit gefehlt! Unser Alltagswissen ist reich an Irrtümern und Denkfehlern aus Geschichte und Politik, Wirtschaft und Medizin, Naturwissenschaft und Kultur, und sie werden immer wieder weitergegeben. Walter Krämer und Götz Trenkler haben eine Bresche ins Dickicht unserer Irrtümer geschlagen und im »Lexikon der populären Irrtümer« und im »Neuen Lexikon der populären Irrtümer« Hunderte von Mißverständnissen und Vorurteilen aufgeklärt. Hier haben sie die verblüffendsten und faszinierendsten Ergebnisse zusammengefaßt und auf den neuesten Stand gebracht.

05/1153/01/R

SERIE PIPER

SERIE PIPER

Gute-Nacht-Geschichten für Frauen, die nicht einschlafen wollen

Herausgegeben von Michaela Kenklies. 208 Seiten. Serie Piper

Kennen Sie das? Schlafloses Herumwälzen im Bett, nächtliche Wanderungen zum Kühlschrank oder einfach keine Lust zum Schlafen? Dann ist dieses Buch für Sie genau richtig! Vierzehn Gute-Nacht-Geschichten versüßen Ihnen die nächtlichen Stunden mit witzigen, erotischen und hintergründigen Erzählungen, denn was ist kurzweiliger als das Leben anderer Menschen, ihre Sehnsüchte, ihre Abenteuer, ihre Liebschaften ... Mit Witz und Charme schreiben vierzehn Erfolgsautorinnen und Erfolgsautoren über Männer und Frauen, darunter über Pam, die bei Cowboys schwach wird, über Lisa, die knackige Männerpos hinreißend findet, oder über den liebeskranken Postboten – für gute Unterhaltung ist gesorgt mit diesen Betthupferln zum Vorlesen oder Selberlesen. Lassen Sie sich überraschen!

05/1033/01/L

Gute-Nacht-Geschichten für Männer, die nicht einschlafen wollen

Herausgegeben von Ingrid Kahl. 143 Seiten. Serie Piper

Endlich gibt es eine Alternative zu Schäfchenzählen, Baldrian oder Sex.
Am Mann getestet und für gut befunden sind die Geschichten dieses Buches mit siebzehn Betthupferln für ihn, wenn er noch unbedingt unterhalten sein will, wenn er sich schlaflos wälzt oder wenn sein Sägewerk nicht zum Stillstand kommt. Die Autorinnen – darunter Brigitte Kronauer, Katja Lange-Müller, Regula Venske und Alissa Walser – liefern amüsante und erotische, komische und bissige Szenen aus dem Liebes- und Eheleben unserer Tage, vor denen jedes Nachtgespenst flüchtet.

»Was für eine pfiffige Idee!«
Der Bund, Bern

05/1035/01/R

SERIE PIPER

Geschichten zum Rotwerden

Über die wichtigste Sache der Welt. Herausgegeben von Sabine Blau. 286 Seiten. Serie Piper

Ist Sex wirklich die wichtigste Sache der Welt? Was ist dran an dem, was anständige Frauen und Männer nur im Schlafzimmer tun? Wie steht's mit Enthaltsamkeit, Impotenz und Perversion, Homosexualität, Promiskuität und Monogamie? Wie ist die Liebe am schönsten – mit dem eigenen Mann oder seinem besten Freund, One-night-stand oder ewige Treue, online ohne Ansteckungsgefahr oder richtig schön romantisch? Und was, wenn Frauen darüber schreiben? Diktieren bei Frauen inzwischen uneingeschränkte Freiheit und Unabhängigkeit die Liebesdinge? In sechsundzwanzig Geschichten erzählen sechsundzwanzig Autorinnen von Sinnlichkeit und Begehren auf ihre je eigene Art.

05/1034/01/L

Männer-Geschichten zum Rotwerden

Über die wichtigste Sache der Welt. Herausgegeben von Sabine Blau. 252 Seiten. Serie Piper

Männer-Geschichten über die Sinnlichkeit und das Begehren. Zweiundzwanzig Autoren haben sich Geschichten zum Rotwerden ausgedacht, darunter Jürgen Alberts, Fred Breinersdorfer, Franzobel, Frank Goosen, Radek Knapp, Michael Köhlmeier, Sky Nonhoff, Burkhard Spinnen, Henning Venske und zé do rock. Lassen Sie sich überraschen, wovon die Geschichten erzählen, ob von Verführung oder Gelegenheit, vom Reiz schöner Augen oder aufregendcr Dessous, von Nachbars Kirschen oder Hausmannskost, ob die Liebe vor dem Sex oder der Sex vor der Liebe kommt, und vielleicht wird auch überhaupt vom Kommen die Rede sein.

05/1036/01/R